임단비, 데시마 아이코 지음

사람in
saram
in.com

머리말

일본어 단어 정복,
일상 속 생활일본어부터 시작하자!

외국어를 잘하기 위해서는 어휘력을 길러야 합니다. 그러기 위해서는 먼저 사용 빈도가 높은 기본 단어를 공부하는 것이 중요합니다.

이 책에는 일본인과 처음 만났을 때, 헤어질 때, 고맙다는 표현을 할 때, 사과할 때 쓰는 말부터 우체국에 갈 때, 병원에 갈 때, 쇼핑할 때, 회식할 때 쓰는 말까지 일상생활에서 바로바로 통하는 시시콜콜한 생활일본어 단어가 모두 모여 있습니다. 일상생활에서 폭넓게 쓰이는 필수 단어들이 상황별·품사별로 한눈에 알아볼 수 있도록 정리했으며, 생생한 현지 일본 문화와 필수 생활 상식이 녹아 있는 단어 설명을 통해 더욱 쉽고 재미있게 공부할 수 있도록 했습니다.

우리가 일본인과 대화를 할 때 문법을 좀 틀린다고 말이 통하지 않는 것은 아닙니다. 하지만 어휘를 잘못 말하면 의미 전달 자체에 문제가 생깁니다. 아무쪼록 이 책에 제시된 어휘를 잘 익혀서 일본인과 답답함 없이 대화할 수 있기를 바랍니다.

- 임단비, 데시마 아이코

구성과 활용

이 책은
일상생활에 꼭 필요한 일본어 단어를 '**첫 만남, 연애, 결혼, 외출, 쇼핑…**' 등
12가지 상황별 주제로 나누고,
이를 각각 '**명사, 동사, 형용사, 주요 표현(회화)**' 순으로 정리했습니다.
하지만 기본적인 명사만으로 대화가 가능하다고 판단되는 경우에는 '동사, 형용사,
주요 표현(회화)'은 생략했습니다.

■ 이 책의 구성은요

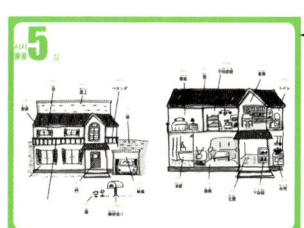

각 과의 시작마다 귀여운 일러스트와
함께 대표적으로 쓰이는 표현을 한눈에
들여다볼 수 있게 했습니다.

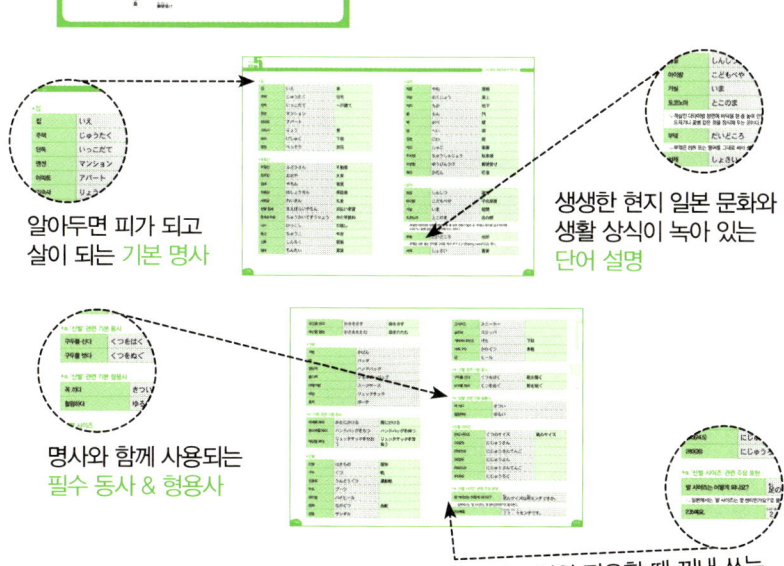

알아두면 피가 되고
살이 되는 기본 명사

생생한 현지 일본 문화와
생활 상식이 녹아 있는
단어 설명

명사와 함께 사용되는
필수 동사 & 형용사

통째로 외워 필요할 때 꺼내 쓰는
주요 표현(회화)

차례

시시콜콜 1 기·초·생·활·표·현

만났을 때 인사말	12
헤어질 때 인사말	12
감사 인사말	13
외출할 때 인사말	13
사과 인사말	13
음식을 먹을 때 인사말	13
축하할 때 인사말	14
날짜	14
요일	15
주	15
월	16
년	16
일본의 연호	17
시각	19
시간	20
접속사	21
지시어	21
조사	22

시시콜콜 2 첫·만·남

자기소개	26
가족	27
결혼 생활	28
형제 관계	29
친척	30
기본 호칭	31
관계별 호칭	31
연령별·상황별 호칭	32
직업	34
백수	36
나이	36
띠	37
별자리	38
국가	39
취미	40
스포츠	42
전화	44

시시콜콜 3 연·애 & 결·혼

연애	48
성격	49
감정 표현	51
약혼	52
결혼	52
임신	55
출산·육아	56
부부 갈등·이혼	58
생애주기	59
일본의 연중행사	60
일본의 휴일	62

contents

시시콜콜 4 몸

머리	66
얼굴	66
눈	67
귀	67
코	68
입	68
수염	69
이	69
턱	70
뺨	70
목	70
가슴	71
뼈	72
어깨	72
배	73
손	73
엉덩이	74
다리	74

시시콜콜 5 집

집	78
부동산	78
실외	79
실내	79
침실	80
거실	81
아이 방	82
전자제품	82
부엌	83
부엌용품	83
생활용품	85
욕실	86
화장실	87
빨래	87
청소	87

시시콜콜 6 외·출

거리	92
건물	92
놀이 장소	93
우체국	94
은행	96
병원	97
약	98
병	101
감기	104
호텔	106
호텔 방	106
체크인	107
체크아웃	108

시시콜콜 7 교·통

교통수단	112
자전거	112
자동차	113
주유소	114
택시	114
버스	115
도로	116
역	117
열차	118
공항	120
배	122

시시콜콜 8 학·교

학교	126
과목	127
학교 시설	129
문구	130
수험	131
시험	132
학교행사	133
운동 경기	134
대학	134
학부·학과	135
강의	136
대학 내부	137

시시콜콜 9 회·사

회사	142
기업 형태	143
회사 업무	144
월급	146
휴가	147
직급	147
부서	148
판매	148
회사 거래	149
전화	150
취업	151
해고	153

시시콜콜 10 쇼·핑

쇼핑 관련 기본 표현	156
옷	157
옷 사이즈	160
액세서리	161
우산	161
가방	162
신발	162
신발 사이즈	163
패션 잡화	164
재질	165
무늬	165
색상	165
층	166
방향과 위치	167
계산	169
기수	171
서수	172
화폐 단위	172

시시콜콜 11 음·식

식사	176
밥과 반찬	176
음식점	177
주문	178
음료	180
커피	181
디저트와 과자	181
술	182
일본 라면	185
소바	186
토핑	187
우동	187
초밥	188

시시콜콜 12 자·연

동물 일반	194
조류	196
파충류 · 양서류	196
벌레	197
수중생물	197
생선	198
해산물	199
조개	199
식물	200
과일	201
날씨	202
천재지변	205
계절	206
태양계	206
천체	207

기・초・생・활・표・현

기・초・생・활・표・현

★ 만났을 때 인사말

안녕하세요. (아침)	おはようございます	
안녕하세요. (점심)	こんにちは	
안녕하세요. (저녁)	こんばんは	
안녕히 주무세요	おやすみなさい	お休みなさい
처음 뵙겠습니다	はじめまして	初めまして
잘 부탁합니다	どうぞよろしくおねがいします	どうぞよろしくお願いします
이쪽이야말로 잘 부탁합니다	こちらこそよろしくおねがいします	こちらこそよろしくお願いします
오랜만이에요	おひさしぶりです	お久しぶりです
잘 지내시죠?	おげんきでしたか	お元気でしたか

★ 헤어질 때 인사말

내일 또 봐	またあした	また明日
안녕히 가세요 안녕히 계세요	さようなら	
다음에 뵙겠습니다	またおめにかかります	またお目にかかります
수고하셨습니다	おつかれさまでした	お疲れさまでした
먼저 실례하겠습니다	おさきにしつれいします	お先に失礼します

↘ 회사에서 먼저 갈 때는 お先に失礼します 라고 하면 된다.

| 신세 많았습니다 | おせわになりました | お世話になりました |

| ○○에게 안부 전해 주세요 | ○○によろしく おつたえください | ○○によろしく お伝えください |

＊감사 인사말

| 감사합니다 | ありがとうございます | |

↘ '고마워, 고마워요'라는 말은 ありがとう라고 하며 どうも라고 해도 된다.

＊외출할 때 인사말

| 다녀오겠습니다 | いってきます | 行って来ます |
| 다녀오세요 | いってらっしゃい | 行ってらっしゃい |

↘ いってらっしゃい는 いっていらっしゃい와 같다. 이와 같이 회화에서는 い가 생략되는 경우가 많다.

| 다녀왔어요 | ただいま | |
| 어서 오세요 | おかえりなさい | お帰りなさい |

＊사과 인사말

| 실례합니다 | しつれいします | 失礼します |
| 미안합니다 | すみません | |

↘ 같은 말로 ごめんなさい가 있다.

| 죄송합니다 | もうしわけございません | 申し訳ございません |
| 별말씀을요 | どういたしまして | |

＊음식을 먹을 때 인사말

| 잘 먹겠습니다 | いただきます | |
| 잘 먹었습니다 | ごちそうさまでした | |

★축하할 때 인사말

축하합니다	おめでとうございます	
생일 축하합니다	おたんじょうびおめでとうございます	お誕生日おめでとうございます
새해 복 많이 받으세요	あけましておめでとうございます	明けましておめでとうございます

★날짜

~일	~にち	~日
그저께	おととい	一昨日
어제	きのう	昨日
오늘	きょう	今日
내일	あした	明日
모레	あさって	明後日
1일	ついたち	１日
2일	ふつか	２日
3일	みっか	３日
4일	よっか	４日
5일	いつか	５日
6일	むいか	６日
7일	なのか	７日
8일	ようか	８日
9일	ここのか	９日
10일	とおか	１０日

★요일

~요일	~ようび	~曜日
월요일	げつようび	月曜日
화요일	かようび	火曜日
수요일	すいようび	水曜日
목요일	もくようび	木曜日
금요일	きんようび	金曜日
토요일	どようび	土曜日
일요일	にちようび	日曜日
무슨 요일	なんようび	何曜日

+α '요일' 관련 주요 표현

오늘은 무슨 요일인가요?	今日は何曜日ですか。
오늘은 토요일이에요.	今日は土曜日です。

★주

~주	~しゅう	~週
지난주	せんしゅう	先週
이번 주	こんしゅう	今週
다음 주	らいしゅう	来週
주말	しゅうまつ	週末
격주	かくしゅう	隔週
매주	まいしゅう	毎週

★월

~월	~つき	~月
1월	いちがつ	1月
2월	にがつ	2月
3월	さんがつ	3月
4월	しがつ	4月
5월	ごがつ	5月
6월	ろくがつ	6月
7월	しちがつ	7月
8월	はちがつ	8月
9월	くがつ	9月
10월	じゅうがつ	10月
11월	じゅういちがつ	11月
12월	じゅうにがつ	12月
몇 월	なんがつ	何月
지난달	せんげつ	先月
이번 달	こんげつ	今月
다음 달	らいげつ	来月
매월	まいつき	毎月

★년

~년/해	~ねん/とし	~年
작년	きょねん	去年
올해	ことし	今年

내년	らいねん	来年
매년	まいとし	毎年

+α '생일' 관련 주요 표현

생일은 언제인가요?	誕生日はいつですか。
4월 1일이에요.	4月1日です。
몇 년생이세요?	何年生まれですか。
쇼와 56년생이에요.	昭和56年生まれです。

↘ 일본에서는 천황 즉위년도를 기준으로 날짜를 말하기도 하는데 1981년 경우 昭和 56年이라고도 말할 수 있다.

★일본의 연호

서기	せいれき	西暦
연호	ねんごう	年号
원년	がんねん	元年

↘ 천황이 즉위한 연도를 말한다.

메이지	めいじ	明治

↘ 메이지 천황의 재위기간인 1868.2.13~1912.7.30을 말한다.

다이쇼	たいしょう	大正

↘ 다이쇼 천황의 재위기간인 1912.7.31~1926.12.25을 말한다.

쇼와	しょうわ	昭和

↘ 쇼와 천황의 재위기간인 1926.12.26~1989.1.7을 말한다.

헤이세이	へいせい	平成

↘ 헤이세이 천황의 재위기간인 1989.1.8~현재를 말한다.

+α 알아두면 유용한 '일본연호표'

서기	연호	서기	연호	서기	연호
1926.12.26	昭和元年	1958	昭和33年	1989.1.8	平成元年
1927	昭和2年	1959	昭和34年	1990	平成2年
1928	昭和3年	1960	昭和35年	1991	平成3年
1929	昭和4年	1961	昭和36年	1992	平成4年
1930	昭和5年	1962	昭和37年	1993	平成5年
1931	昭和6年	1963	昭和38年	1994	平成6年
1932	昭和7年	1964	昭和39年	1995	平成7年
1933	昭和8年	1965	昭和40年	1996	平成8年
1934	昭和9年	1966	昭和41年	1997	平成9年
1935	昭和10年	1967	昭和42年	1998	平成10年
1936	昭和11年	1968	昭和43年	1999	平成11年
1937	昭和12年	1969	昭和44年	2000	平成12年
1938	昭和13年	1970	昭和45年	2001	平成13年
1939	昭和14年	1971	昭和46年	2002	平成14年
1940	昭和15年	1972	昭和47年	2003	平成15年
1941	昭和16年	1973	昭和48年	2004	平成16年
1942	昭和17年	1974	昭和49年	2005	平成17年
1943	昭和18年	1975	昭和50年	2006	平成18年
1944	昭和19年	1976	昭和51年	2007	平成19年
1945	昭和20年	1977	昭和52年	2008	平成20年
1946	昭和21年	1978	昭和53年	2009	平成21年
1947	昭和22年	1979	昭和54年	2010	平成22年
1948	昭和23年	1980	昭和55年	2011	平成23年
1949	昭和24年	1981	昭和56年	2012	平成24年
1950	昭和25年	1982	昭和57年	2013	平成25年
1951	昭和26年	1983	昭和58年	2014	平成26年
1952	昭和27年	1984	昭和59年	2015	平成27年
1953	昭和28年	1985	昭和60年	2016	平成28年
1954	昭和29年	1986	昭和61年	2017	平成29年
1955	昭和30年	1987	昭和62年	2018	平成30年
1956	昭和31年	1988	昭和63年	2019	平成31年
1957	昭和32年	1989.1.7	昭和64年	2020	平成32年

★시각

시간	じかん	時間
시	じ	時
분	ふん	分
몇 시 몇 분	なんじなんぷん	何時何分
오전	ごぜん	午前
오후	ごご	午後
반	はん	半
한 시	いちじ	1時
두 시	にじ	2時
세 시	さんじ	3時
네 시	よじ	4時
다섯 시	ごじ	5時
여섯 시	ろくじ	6時
일곱 시	しちじ	7時
여덟 시	はちじ	8時
아홉 시	くじ	9時
열 시	じゅうじ	10時
열한 시	じゅういちじ	11時
열두 시	じゅうにじ	12時

기・초・생・활・표・현

★ 시간

아침	あさ	朝
낮	ひる	昼
밤	よる	夜
해질녘	ゆうがた	夕方
새벽	よあけ	夜明け
한낮	まひる	真昼
밤중	よなか	夜中
한밤중	まよなか	真夜中
오늘 아침	けさ	今朝
내일 아침	みょうちょう	明朝
오늘 밤	きょうのよる	今日の夜
어젯밤	きのうのよる	昨日の夜

↘ 문장에서는 주로 '오늘 밤'은 今夜(こんや), '어젯밤'은 昨夜(さくや)라고 한다.

| 정오 | しょうご | 正午 |

+α '시각·시간' 관련 주요 표현

지금 몇 시인가요?	今、何時ですか？
2시 30분입니다.	２時３０分です。
매일 아침 몇 시에 일어나나요?	毎朝何時に起きますか。
7시에 일어나요.	７時に起きます。
도서관은 몇 시부터 몇 시까지 여나요?	図書館は何時から何時まで開いていますか。
오전 10시부터 오후 6시까지예요.	午前１０時から午後６時までです。

✱접속사

그리고	そして	혹은	または
그러나	しかし	아니면	でなければ
그런데	ところで	그럼에도	にもかかわらず
그래도	それでも	드디어	ついに
그래서	それで	예를 들면	たとえば
그러니까	だから	만약	もし
그러면	では	이른바	いわゆる

↘ '그러면'은 それでは라고도 한다.

말하자면	いわば
즉	すなわち	왜냐하면	なぜなら
그렇지만	でも	따라서	したがって

✱지시어

이	この	이것	これ
그	その	그것	それ
저	あの	저것	あれ
어느	どの	어느 것	どれ

여기	ここ	이쪽	こちら
거기	そこ	그쪽	そちら
저기	あそこ	저쪽	あちら
어디	どこ	어느 쪽	どちら

이런	こんな
그런	そんな
저런	あんな
어떤	どんな

기・초・생・활・표・현

이 사람	このひと	この人
그 사람	そのひと	その人
저 사람	あのひと	あの人
어느 사람	どのひと	どの人

이분	このかた	この方
그분	そのかた	その方
저분	あのかた	あの方
어느 분	どのかた	どの方

★**조사**

~는/은 ~は	
나는 한국인입니다.	私は韓国人です。
~이/가 ~が	
남동생이 두 명 있어요.	弟が二人います。
~을/를 ~を	
이 길을 똑바로 가세요.	この道をまっすぐ行ってください。
~도 ~も	
나도 그렇게 생각해요.	私もそう思います。
~의 ~の	
나의 우산입니다.	私の傘です。
~와/과 ~と	
개와 고양이를 기르고 있습니다.	犬と猫を飼っています。
~에(장소) ~に	
책상 위에 책을 놓아두세요.	机の上に本を置いてください。

~로/으로 (방향)　~へ, に	
일본에 놀러 갑니다.	日本に遊びに行きます。 |apan

~에게/한테(사람, 동물)　~に	
개에게 먹이를 줍니다.	犬にえさをやります。

~로/으로(도구, 수단, 원인, 자격)　~で	
회사까지 버스로 갑니다.	会社までバスで行きます。

~에서　~で	
일본에서 공부하셨습니까?	日本で勉強しましたか。

~부터　~から	
수업은 9시부터 시작합니다.	授業は9時から始まります。

~까지　~まで	
수업은 6시까지 있습니다.	授業は6時まであります。

기・초・생・활・표・현

첫·만·남

첫·만·남

★ 자기소개

자기소개	じこしょうかい	自己紹介
이름	なまえ	名前
나이	とし	年

↘ 한국에서는 상하 구분이 필요해서 만나면 바로 나이를 물어보곤 하지만, 일본친구를 만났을 때는 조심하는 것이 좋다. 또 처음 만났을 때 결혼을 했는지의 여부를 물어보는 것은 실례가 된다.

가족 수	なんにんかぞく	何人家族
나라	くに	国
출신	しゅっしん	出身
일	しごと	仕事
직업	しょくぎょう	職業

↘ 근무처나 직업을 뜻하는 お勤(つと)め도 같은 의미다.

관계	かんけい	関係
결혼	けっこん	結婚
살고 있는 곳	おすまい	お住まい
취미	しゅみ	趣味

+α '자기소개' 관련 주요 표현

처음 뵙겠습니다. ○○입니다.	初(はじ)めまして。○○です。
저는 ○○라고 합니다.	私(わたし)は○○と申(もう)します。
어디에 살고 있습니까?	どこに住(す)んでいますか。
직장이 어디인가요?	お勤(つと)めはどちらですか。
어떤 일을 하고 있습니까?	どんな仕事(しごと)をしていますか。

만나 뵙게 되어 기뻐요.	お会いできてうれしいです。
사시는 곳이 어디인가요?	お住まいはどちらですか。
결혼하셨어요?	結婚していますか。
실례지만, 이름이 뭔가요?	失礼ですが、お名前は何ですか。

↳ お名前は？(이름이?)만으로 뜻이 통한다.

고향은 어디인가요?	田舎はどちらですか。
어디 출신인가요?	出身はどちらですか。
도쿄 출신입니다.	東京出身です。

★ 가족

가족	かぞく	家族

↳ 일본에서는 자신의 가족과 타인의 가족을 부르는 호칭이 다르다. 자신의 할아버지는 앞에 우리(うち)를 붙여 うちの祖父(そふ), 할머니는 うちの祖母(そぼ), 아버지는 うちの父(ちち), 어머니는 うちの母(はは), 언니나 누나는 うちの姉(あね), 오빠나 형은 うちの兄(あに), 여동생은 うちの妹(いもうと)라고 말한다. 일본에서는 외할아버지, 외할머니를 따로 구분해서 부르는 말이 없다. 글로 쓸 때는 앞에 義理(ぎり)를 붙여, 외할아버지는 義理のおじいさん, 외할머니 義理のおばあさん이라고 하지만 말할 때는 おじいさん, 외할머니 おばあさん이라고 한다.

할아버지	おじいさん	お祖父さん
할머니	おばあさん	お祖母さん
아버지	おとうさん	お父さん
어머니	おかあさん	お母さん
언니, 누나	おねえさん	お姉さん
형, 오빠	おにいさん	お兄さん
남동생	おとうと	弟

여동생	いもうと	妹
남자 조카	おい	甥
여자 조카	めい	姪
사촌	いとこ	従兄弟, 従姉妹
삼촌, 외삼촌	おじさん	伯父さん, 叔父さん
고모, 이모	おばさん	伯母さん, 叔母さん

+α '가족' 관련 주요 표현

가족이 몇 명인가요?	何人家族ですか。
5인 가족이에요.	５人家族です。
가족과 함께 살고 있나요?	家族と一緒に住んでいますか。
아니요, 혼자 살아요.	いいえ、一人で住んでいます。

↳ 一人で住んでいます는 一人暮(ひとりぐ)らしです로 바꿔 말할 수 있다.

★ 결혼 생활

나의 남편	おっと	夫

↳ 앞에 우리를 붙여 うちの主人(しゅじん) 혹은 旦那(だんな)라고도 한다.

나의 아내	つま	妻

↳ 家内(かない)라고도 한다.

남의 남편	ごしゅじん	ご主人

↳ 旦那さん이라고도 한다.

남의 부인	おくさん	奥さん
당신	あなた	

↳ あなた는 우리말의 '너'에 해당하는 말이지만 부를 때는 이름을 부르고 あなた라는 말은 아내가 남편을 부를 때 주로 쓰는 말이다.

시아버지	しゅうと	

↘ しゅうとは 장인을 나타내는 말이기도 하다.

시어머니	しゅうとめ	

↘ しゅうとめは 장모를 나타내는 말이기도 하다.

친정	じっか	実家
며느리	よめ	嫁
사위	むこ	婿
부부	ふうふ	夫婦
양친	りょうしん	両親
아들	むすこ	息子
딸	むすめ	娘
형부	(ぎりの)おにいさん	(義理の)お兄さん
형수	(ぎりの)おねえさん	(義理の)お姉さん
계모	ままはは	継母
양자	ようし	養子

★형제 관계

형제	きょうだい	兄弟
자매	しまい	姉妹
쌍둥이	ふたご	双子
막내	すえっこ	末っ子
장남	ちょうなん	長男
차남	じなん	次男
장녀	ちょうじょ	長女

차녀	じじょ	次女
외아들	ひとりむすこ	一人息子
외동딸	ひとりむすめ	一人娘
외동	ひとりっこ	一人っ子
장손	はつまご	初孫

+α '형제 관계' 관련 주요 표현

형제가 어떻게 되나요?	何人兄弟ですか。
두 명이에요.	2人兄弟です。
형제 있으세요?	兄弟いますか。
네, 있어요.	はい、います。
몇 번째세요?	何番目ですか。
4형제 중 둘째예요.	4人兄弟の2番目です。
전 외동이에요.	私は一人っ子です。

★ 친척

친척	しんせき	親戚
일가, 집안	みうち	身内
삼촌	おじさん	→ おじさん은 외삼촌을 나타내는 말이기도 하다.
고모	おばさん	→ おばさん은 이모를 나타내는 말이기도 하다.
여자 조카	めい	
남자 조카	おい	
사촌	いとこ	

★ 기본 호칭

나 (여자)	わたし	私
나 (남자)	ぼく	僕
↘ 주로 남자가 쓰는 말로 おれ라고도 한다.		
너	あなた	
너 (남자)	おまえ	
자네	きみ	君
~님	~さま	~様
~씨	~さん	
~군	~くん	~君
~야	~ちゃん	
모두	みんな	皆
여러분	みなさん	皆さん
자기	じぶん	自分
상대	あいて	相手
그	かれ	彼
↘ 彼는 남자친구를 나타내는 말이기도 하다.		
그녀	かのじょ	彼女
↘ 彼女는 여자친구를 나타내는 말이기도 하다.		

★ 관계별 호칭

친구	ともだち	友達
동창생	どうきゅうせい	同級生
소꿉친구	おさななじみ	幼馴染み
아는 사람	しりあい	知り合い

이웃	りんじん	隣人
여자친구	かのじょ	彼女
남자친구	かれし	彼氏
애인	こいびと	恋人
약혼자	こんやくしゃ	婚約者
선배	せんぱい	先輩
후배	こうはい	後輩
동료	どうりょう	同僚
상사	じょうし	上司
부하직원	ぶか	部下

+α '관계별 호칭' 관련 주요 표현

나와 그녀는 소꿉친구입니다.	私と彼女は幼馴染みです。
길에서 우연히 중학교 동창생을 만났다.	道で偶然中学校の同級生に会った。
남자친구 있어요?	彼氏いますか。
저 남자는 누구인가요?	あの男性は誰ですか。
내 남자친구예요.	私の彼氏です。

＊연령별·상황별 호칭

어른	おとな	大人
어린이	こども	子供
아이	あかちゃん	赤ちゃん
남자아이	おとこのこ	男の子

여자아이	おんなのこ	女の子
유부녀	ひとづま	人妻
유부남	つまのいるだんせい	妻のいる男性

↳ 유부남은 **妻帯者**(さいたいしゃ)라고도 한다.

미혼	みこん	未婚
기혼	きこん	既婚
미망인	みぼうじん	未亡人
노처녀	オールドミス	
바츠이치	バツイチ	→ 이혼 경험이 한 번 있는 사람을 말한다.
독신	どくしん	独身
독신남성	どくしんだんせい	独身男性
독신여성	どくしんじょせい	独身女性
젊은이	わかもの	若者
중년	ちゅうねん	中年
노인	としより	年寄り

↳ 노인은 한자 그대로 써서 **老人**(ろうじん)이라고도 한다.

아라사	アラサー	

↳ Around30의 약자로 25세 이상 34세까지의 여성을 말한다.

아라포	アラフォー	

↳ Around40의 약자로 35세 이상 44세까지의 여성을 말한다.

결혼 준비 중	こんかつちゅう	婚活中

↳ '결혼 활동 중'이란 뜻의 **結婚活動中**(けっこんかつどうちゅう)의 약자다.

취직 준비 중	しゅうかつちゅう	就活中

↳ '취직 활동 중'이란 뜻의 **就職活動中**(しゅうしょくかつどうちゅう)의 약자다.

★직업

학생	がくせい	学生
주부	しゅふ	主婦
회사원	かいしゃいん	会社員
여성 사무직원(OL)	オーエル	
자영업	じえいぎょう	自営業
샐러리맨	サラリーマン	
세일즈맨	セールスマン	
요리사	コック	
의사	いしゃ	医者
간호사	かんごし	看護師
교사	きょうし	教師
교수	きょうじゅ	教授
학원강사	じゅくのこうし	塾の講師
은행원	ぎんこういん	銀行員
미용사	びようし	美容師
패션디자이너	ファッションデザイナー	
음악가	おんがくか	音楽家
화가	がか	画家
경찰관	けいさつかん	警察官
순경	おまわりさん	お巡りさん
소방관	しょうぼうし	消防士
공무원	こうむいん	公務員
엔지니어	エンジニア	

아나운서	アナウンサー	
운전기사	うんてんしゅ	運転手
신문기자	しんぶんきしゃ	新聞記者
카메라맨	カメラマン	
목수	だいく	大工
비서	ひしょ	秘書
연예인	げいのうじん	芸能人
가수	かしゅ	歌手
만화가	まんがか	漫画家
영화감독	えいがかんとく	映画監督
소설가	しょうせつか	小説家
배우	はいゆう	俳優
변호사	べんごし	弁護士
검사	けんじ	検事
판사	はんじ	判事
재판관	さいばんかん	裁判官
프로그래머	プログラマー	
웹디자이너	ウェブデザイナー	
일러스트레이터	イラストレーター	

첫·만·남

★ 백수

백수	プー	
↘ 백수인 남녀를 모두 가리키는 말. '놀고 있어요'는 プーです라고 한다.

백수	プータロー	
↘ 취업이 가능한 연령인데도 무직인 남자. 취업 의사는 있지만 취직이 되지 않는 사람을 말한다.

백조	プー子	
↘ 취업이 가능한 연령인데도 무직인 여성을 말한다.

프리터	フリーター	
↘ 구속받는 것을 싫어해서 정직원으로 일하지 않고 아르바이트로만 생활하는 젊은이를 가리키는 말이다.

니트족	ニート	
↘ 학교도 다니지 않고 취업도 하지 않은 15세~34세의 사람. 공부나 취업의 의사도 전혀 없는 사람을 말한다.

실직 중	しつぎょうちゅう	失業中
신부수업 중	はなよめしゅぎょうちゅう	花嫁修業中

★ 나이

몇 살	なんさい	何歳
1살	いっさい	1歳
2살	にさい	2歳
3살	さんさい	3歳
4살	よんさい	4歳
5살	ごさい	5歳
6살	ろくさい	6歳
7살	ななさい	7歳
8살	はっさい	8歳

9살	きゅうさい	9歳
10살	じゅっさい	10歳
11살	じゅういっさい	11歳
20살	はたち	20歳

+α '나이' 관련 주요 표현

몇 살?	何歳(なんさい)？
다섯 살.	5歳(ごさい)。
실례지만 나이가 어떻게 되세요?	失礼(しつれい)ですが、何歳(なんさい)ですか。
스물여섯이에요.	26です。(にじゅうろく)
실례지만 연세가 어떻게 되세요?	失礼(しつれい)ですが、おいくつですか。

★띠

띠	えと	干支
자(쥐)	ね	子
축(소)	うし	丑
인(호랑이)	とら	寅
묘(토끼)	う	卯
진(용)	たつ	辰
사(뱀)	み	巳
오(말)	うま	午
미(양)	ひつじ	未
신(원숭이)	さる	申

유(닭)	とり	酉
술(개)	いぬ	戌
해(멧돼지)	い	亥

↘ 우리나라의 '돼지띠'를 일본에서는 '멧돼지띠'라고 한다.

+α '띠' 관련 주요 표현

무슨 띠예요?	干支(えと)は何(なん)ですか。
닭띠에요.	酉(とり)です。
2011년은 무슨 띠인가요?	２０１１年(にせんじゅういちねん)の干支(えと)は何(なん)ですか。
2011년은 토끼띠예요.	２０１１年(にせんじゅういちねん)の干支(えと)はうさぎです。

★별자리

여우자리	おひつじざ	おひつじ座
황소자리	おうしざ	おうし座
쌍둥이자리	ふたござ	ふたご座
게자리	かにざ	かに座
사자자리	ししざ	しし座
처녀자리	おとめざ	おとめ座
천칭자리	てんびんざ	てんびん座
전갈자리	さそりざ	さそり座
궁수자리	いてざ	いて座
염소자리	やぎざ	やぎ座
물병자리	みずがめざ	みずがめ座
물고기자리	うおざ	うお座

+α '별자리' 관련 주요 표현

별자리가 뭐예요?	何(なに)座(ざ)ですか。
쌍둥이자리예요.	双(ふた)子(ご)座(ざ)です。
별자리로 오늘의 운세를 보다.	星(せい)座(ざ)で今(きょう)日(うん)の運(せい)勢(うらな)を占う。

★국가

한국	かんこく	韓国
북한	きたちょうせん	北朝鮮
일본	にほん	日本
중국	ちゅうごく	中国
미국	アメリカ	
대만	たいわん	台湾
호주	オーストラリア	
러시아	ロシア	
아르헨티나	アルゼンチン	
영국	イギリス	
이탈리아	イタリア	
인도	インド	
말레이시아	マレーシア	
싱가폴	シンガポール	
태국	タイ	
칠레	チリ	
독일	ドイツ	
브라질	ブラジル	

프랑스	フランス	
벨기에	ベルギー	
베트남	ベトナム	
터키	トルコ	
이집트	エジプト	
필리핀	フィリピン	
캐나다	カナダ	

+α '국가' 관련 주요 표현

어디에서 오셨어요?	どちらからいらっしゃいましたか。
한국에서 왔습니다.	韓国(かんこく)から来(き)ました。
어디 출신이신가요?	出身(しゅっしん)はどちらですか。
인도예요.	インドです。

★ 취미

취미	しゅみ	趣味
바둑	いご	囲碁
독서	どくしょ	読書
음악감상	おんがくかんしょう	音楽鑑賞
영화감상	えいがかんしょう	映画鑑賞
요리	りょうり	料理
빵 만들기	パンづくり	パン作り
과자 만들기	おかしづくり	お菓子作り
다도	さどう	茶道

장기	しょうぎ	将棋
낚시	つり	釣り
서예	しょどう	書道
꽃꽂이	いけばな	生け花
분재	ぼんさい	盆栽
원예	ガーデニング	
수예	しゅげい	手芸
뜨개질	あみもの	編み物
마술	てじな	手品

↘ 마술은 マジック라고도 한다.

등산	とざん	登山
여행	りょこう	旅行
드라이브	ドライブ	
온라인 게임	ネットゲーム	
인터넷 쇼핑	インターネットショッピング	
주식	かぶ	株
재테크	ざいテク	財テク
경마	けいば	競馬
복권	たからくじ	宝くじ
그림을 그리다	えをかく	絵を描く
사진을 찍다	しゃしんをとる	写真を撮る
연주하다	えんそうする	演奏する
노래를 부르다	うたをうたう	歌を歌う

춤을 추다	おどりをおどる	踊りを踊る
운동하다	うんどうする	運動する
자전거를 타다	じてんしゃにのる	自転車に乗る
어학을 공부하다	ごがくをべんきょうする	語学を勉強する
먹다	たべる	食べる
~를 수집하다	~をあつめる	~を集める
자다	ねる	寝る
집에서 빈둥빈둥하다	いえでごろごろする	家でごろごろする
텔레비전을 보다	テレビをみる	テレビを見る
쇼핑하다	かいものをする	買い物をする
아이쇼핑하다	ウィンドウショッピングする	

+α '취미' 관련 주요 표현

취미가 뭐예요?	趣味は何ですか？
낚시예요.	釣りです。
지금 '과자 만들기'에 빠져 있어요.	今、お菓子作りにはまっています。
맛있는 거 먹는 것을 좋아해요.	おいしいものを食べることが好きです。

★스포츠

스포츠	スポーツ	
야구	やきゅう	野球
축구	サッカー	
탁구	たっきゅう	卓球

배구	バレーボール	
농구	バスケットボール	
당구	ビリヤード	
유도	じゅうどう	柔道
합기도	あいきどう	合気道
검도	けんどう	剣道
일본 씨름	すもう	相撲
권투	ボクシング	
레슬링	レスリング	
체조	たいそう	体操
승마	じょうば	乗馬
수영	すいえい	水泳
볼링	ボーリング	
골프	ゴルフ	
댄스	ダンス	
사교 댄스	しゃこうダンス	社交ダンス
클래식 발레	クラシックバレエ	
요가	ヨガ	
조깅	ジョギング	
테니스	テニス	
스키	スキー	
스케이트	スケート	

★전화

전화	でんわ	電話
국제전화	こくさいでんわ	国際電話
국가번호	くにばんごう	国番号
지역번호	ちいきばんごう	地域番号
휴대전화	けいたいでんわ	携帯電話

↳ 줄여서 携帯(けいたい)라고 한다.

| 문자 주소 | 携帯のメールアドレス | |

↳ 일본에서는 휴대폰으로 문자를 보낼 때 컴퓨터에서 메일을 사용하듯이 메일 주소를 만들어 그곳으로 보내는 형식으로 되어 있다. 자기가 가입한 통신사가 도코모(DoCoMo)일 경우라면 aiko@docomo.co.jp와 같은 메일 주소를 만들어 문자를 보낼 때 번호 대신 사용한다. 다만, 통신사가 같은 경우는 전화번호로 문자를 보낼 수 있다. 따라서 일본에서는 한국보다는 장문의 문자를 보낼 수도 있으며, 핸드폰 문자를 컴퓨터의 이메일로도 보낼 수 있다는 장점이 있다.

공중전화	こうしゅうでんわ	公衆電話
전화카드	テレフォンカード	

↳ テレフォンカード는 テレカ라고도 한다.

시내전화	しないでんわ	市内電話
시외전화	しがいでんわ	市外電話
부재중전화	るすばんでんわ	留守番電話
여보세요	もしもし	
통화 중	はなしちゅう	話し中
잘못 걸린 전화	まちがいでんわ	間違い電話
장난 전화	いたずらでんわ	いたずら電話
전파	でんぱ	電波
팩스	ファックス	

+α '전화' 관련 기본 동사

전화하다	でんわする	電話する
전화를 걸다	でんわをかける	電話をかける
전화를 끊다	でんわをきる	電話を切る
전화가 걸려오다	でんわがかかってくる	電話がかかってくる
전화가 끊어지다	でんわがきれる	電話が切れる

+α '전화' 관련 주요 표현

집에 전화하다.	家(いえ)に電話(でんわ)する。
친구에게 전화를 걸다.	友達(ともだち)に電話(でんわ)をかける。
엄마한테 전화가 걸려왔다.	お母(かあ)さんから電話(でんわ)がかかってきた。
잘 안 터져서 전화가 끊어졌다.	電波(でんぱ)が悪(わる)くて電話(でんわ)が切(き)れた。
여보세요? ○○씨예요?	もしもし、○○さんですか。
아니에요.	違(ちが)います。
죄송합니다. 잘못 걸었습니다.	すみません、間違(まちが)えました。
전화번호를 가르쳐 주세요.	電話番号(でんわばんごう)を教(おし)えてください。
02-123-4567이에요.	02-123-4567です。
휴대폰 번호를 가르쳐 주시겠어요?	携帯(けいたい)の番号(ばんごう)を教(おし)えていただけますか。
휴대폰 문자 주소를 가르쳐 주세요.	携帯(けいたい)のメールアドレスを教(おし)えてください。
abcdefg@abc.ne.jp예요.	abcdefg ＠(アットマーク) abc .(ドット) ne .(ドット) jpです。

3 연·애 & 결·혼

시시콜콜

조금만 생각할 시간을 주세요.

少し考える時間をください…。

저와 결혼해 주세요.

僕と結婚してください。

애인이 아닌 아내가 되어 줄래?

恋人じゃなくて、妻になってくれない？

이런 저로 괜찮으시다면, 기꺼이 그러겠어요.

こんな私でよければ、喜んで。

임신한 것 같아요.
妊娠したみたいです。

입덧이 심해요.
つわりがひどいです。

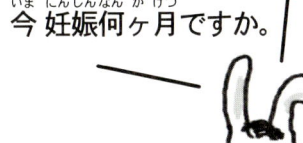

지금 임신 몇 개월이에요?
今 妊娠何ヶ月ですか。

지금 5개월이에요.
今5ヶ月です。

출산 예정일은 언제예요?
出産予定日はいつですか。

10월 27일이에요.
10月27日です。

연·애 & 결·혼

★ 연애

만남	であい	出会い
한눈에 반함	ひとめぼれ	一目ぼれ
짝사랑	かたおもい	片思い
서로 사랑함	りょうおもい	両思い
고백	こくはく	告白
청혼	プロポーズ	
연애	れんあい	恋愛
데이트	デート	
오해	ごかい	誤解
화해	なかなおり	仲直り
싸움	けんか	喧嘩
사랑 싸움	ちわげんか	痴話げんか
권태기	けんたいき	倦怠期
헤어짐	わかれ	別れ
재회	さいかい	再会
양다리	ふたまた	二股
바람	うわき	浮気
바람둥이	うわきもの	浮気者
배신자	うらぎりもの	裏切り者
고백하다	こくはくする	告白する
사귀다	つきあう	付き合う

반하다	ほれる	惚れる
한눈에 반하다	ひとめぼれする	一目ぼれする
데이트 신청하다	デートにさそう	デートに誘う
차다	ふる	振る
차이다	ふられる	振られる
헤어지다	わかれる	別れる
양다리 걸치다	ふたまたをかける	二股をかける
바람 피우다	うわきする	浮気する
재회하다	さいかいする	再会する

+α '연애' 관련 주요 표현

좋아하는 사람에게 고백받았다.	好きな人に告白された。
짝사랑하고 있던 그녀에게 고백했지만 퇴짜맞았다.	片思いしていた彼女に告白したが振られてしまった。
남자친구가 양다리를 걸쳤다.	彼氏に二股をかけられた。

↳ 직역하면 '남자친구에게 양다리 걸침을 당했다'가 된다.

★성격

성격	せいかく	性格
성격이 좋은 사람	せいかくのいいひと	性格のいい人
성격이 나쁜 사람	せいかくのわるいひと	性格の悪い人

★좋은 성격

명랑하다	あかるい	明るい
친절하다	しんせつだ	親切だ
부지런하다	きんべんだ	勤勉だ
자상하다	まめだ	
다정하다	やさしい	優しい
싹싹하다	きさくだ	気さくだ
씩씩하다	りりしい	凛々しい
눈치가 빠르다	かんがいい	勘がいい
알뜰하다	つましくてぬけめがない	つましくて抜け目がない
시원하다	はきはきしている	

↘ 시원하다는 さわやかだ라고도 말한다.

적극적이다	せっきょくてきだ	積極的だ
성실하다	せいじつだ	誠実だ
착실하다	まじめだ	真面目だ
예의 바르다	れいぎただしい	礼儀正しい
얌전하다	おとなしい	
정직하다 솔직하다	しょうじきだ	正直だ

★나쁜 성격

깍쟁이다	ちゃっかりものだ	
완고하다	がんこだ	頑固だ
끈질기다	しつこい	
건방지다	なまいきだ	生意気だ

겁쟁이다	おくびょうだ	臆病だ
까다롭다	きむずかしい	気難しい

↳ 까다로운 사람은 細(こま)かい 人(ひと)라고도 한다.

엄하다	きびしい	厳しい
날카롭다	するどい	鋭い
둔하다	にぶい	鈍い
눈치가 없다	きがきかない	気が効かない
쌀쌀맞다	つめたい	冷たい
제멋대로다	わがままだ	我がままだ
고집이 세다	ががつよい	我が強い
소극적이다	しょうきょくてきだ	消極的だ
변덕스럽다	きまぐれだ	
특이하다	かわってる	変わってる
이상하다	へんだ	変だ

★ 감정 표현

기분이 좋다	きぶんがいい	気分がいい
기분이 나쁘다	きぶんがわるい	気分が悪い
기쁘다	うれしい	
슬프다	かなしい	悲しい
즐겁다	たのしい	楽しい
재미있다	おもしろい	
재미없다	つまらない	
부럽다	うらやましい	

질리다	あきる	飽きる
질리지 않다	あきない	飽きない
놀라다	びっくりする	
실망하다	がっかりする	
걱정이다	しんぱいだ	心配だ

★약혼

약혼	こんやく	婚約
약혼자	こんやくしゃ	婚約者
약혼반지	こんやくゆびわ	婚約指輪
결납	ゆいのう	結納

↘약혼이 성립된 징표로 약혼자나 부모가 금전 또는 물품을 주고받는 것을 말한다.

결납 금품	ゆいのうひん	結納品
결납금	ゆいのうきん	結納金
약혼하다	こんやくする	婚約する
예물을 교환하다	ゆいのうをかわす	結納を交わす

★결혼

결혼	けっこん	結婚
결혼식	けっこんしき	結婚式
결혼 상대	けっこんあいて	結婚相手
프러포즈	プロポーズ	
중매결혼	みあいけっこん	見合い結婚
연애결혼	れんあいけっこん	恋愛結婚

속도위반 결혼	できちゃったけっこん	できちゃった結婚
↘ 아이가 생겨서 하는 결혼을 말하며 줄여서 できちゃった婚(こん)이라고도 한다.		
6월의 신부	ジューンブライド	
신부	はなよめ	花嫁
↘ 신부는 新婦(しんぷ)라고도 한다.		
신랑	はなむこ	花婿
↘ 신랑은 新郎(しんろう)라고도 한다.		
웨딩드레스	ウェディングドレス	
부케	ブーケ	
축의금	ごしゅうぎ	御祝儀
↘ 축의금은 お祝(いわ)い金(きん)이라고도 한다.		
축의금 봉투	ごしゅうぎぶくろ	ご祝儀袋
결혼반지	けっこんゆびわ	結婚指輪
축복 퇴사	ことぶきたいしゃ	寿退社
↘ 결혼을 이유로 퇴사하는 것을 말한다.		
피로연	ひろうえん	披露宴
초대장	しょうたいじょう	招待状
피로연 예복	おいろなおし	お色直し
전통혼례복	しろむく	白無垢
혼인신고	こんいんとどけ	婚姻届
신혼여행	しんこんりょこう	新婚旅行
↘ 신혼여행은 ハネムーン이라고도 한다.		
데릴사위	むこようし	婿養子
결혼식장	けっこんしきじょう	結婚式場
신사 결혼식	しんぜんしき	神前式

연・애 & 결・혼

사찰 결혼식	ぶつぜんしき	仏前式
교회 결혼식	きょうかいしき	教会式
부모와 가까운 지인들 앞에서 올리는 결혼식	じんぜんしき	人前式
날짜를 정하다	ひどりをきめる	日取りを決める
결혼식을 올리다	けっこんしきをあげる	結婚式を挙げる
결혼식장을 잡다	けっこんしきじょうをおさえる	結婚式場を押さえる
축의금을 넣다	おいわいきんをつつむ	お祝い金を包む
호적에 올리다	せきをいれる	籍を入れる

+α '결혼' 관련 주요 표현

저와 결혼해 주세요.	僕（ぼく）と結婚（けっこん）してください。
애인이 아닌 아내가 되어 줄래?	恋人（こいびと）じゃなくて、妻（つま）になってくれない？
이런 저로 괜찮으시다면, 기꺼이 그러겠어요.	こんな私（わたし）でよければ、喜（よろこ）んで。
조금만 생각할 시간을 주세요.	少（すこ）し考（かんが）える時間（じかん）をください。
동사무소에 혼인신고를 했다.	役所（やくしょ）に婚姻届（こんいんとどけ）を出（だ）した。
해외에서 결혼식을 올렸다.	海外（かいがい）で結婚式（けっこんしき）を挙（あ）げた。

+α '일본'에서 많이 쓰는 성 Best 20

1	佐藤（さとう）	11	吉田（よしだ）
2	鈴木（すずき）	12	山田（やまだ）
3	高橋（たかはし）	13	佐々木（ささき）
4	田中（たなか）	14	山口（やまぐち）

5	<ruby>渡辺<rt>わたなべ</rt></ruby>	15	<ruby>松本<rt>まつもと</rt></ruby>
6	<ruby>伊藤<rt>いとう</rt></ruby>	16	<ruby>井上<rt>いのうえ</rt></ruby>
7	<ruby>山本<rt>やまもと</rt></ruby>	17	<ruby>斎藤<rt>さいとう</rt></ruby>
8	<ruby>中村<rt>なかむら</rt></ruby>	18	<ruby>木村<rt>きむら</rt></ruby>
9	<ruby>小林<rt>こばやし</rt></ruby>	19	<ruby>林<rt>はやし</rt></ruby>
10	<ruby>加藤<rt>かとう</rt></ruby>	20	<ruby>清水<rt>しみず</rt></ruby>

↘ 일본에서는 결혼하면 여자가 남자 성을 따르는 게 보통이다. 그러나 '교사'처럼 이름을 바꾸는 것이 사람들에게 혼란을 줄 경우 바꾸지 않기도 한다.

★임신

임신	にんしん	妊娠
임부	にんぷ	妊婦
산부인과	さんふじんか	産婦人科
모자 수첩	ぼしてちょう	母子手帳
정기검진	ていきけんしん	定期検診
출산 예정일	しゅっさんよていび	出産予定日
태아	たいじ	胎児
아기	あかちゃん	赤ちゃん
입덧	つわり	
임신중독증	にんしんちゅうどくしょう	妊娠中毒症
유산	りゅうざん	流産
임부복	マタニティウェア	
임신하다	にんしんする	妊娠する

정기검진을 하다	ていきけんしんをうける	定期健診を受ける
임신중독증에 걸리다	にんしんちゅうどくちょうにかかる	妊娠中毒症にかかる
유산하다	りゅうざんする	流産する

+α '임신' 관련 주요 표현

임신한 것 같아요.	妊娠したみたいです。
입덧이 심해요.	つわりがひどいです。
지금 임신 몇 개월이에요?	今妊娠何ヶ月ですか。
지금 5개월이에요.	今５ヶ月です。
출산 예정일은 언제예요?	出産予定日はいつですか。
10월 27일이에요.	１０月２７日です。

★ 출산 · 육아

출산	しゅっさん	出産
자연분만	しぜんぶんべん	自然分娩
제왕절개	ていおうせっかい	帝王切開
탯줄	へそのお	へその緒
출생신고	しゅっせいとどけ	出生届
모유	ぼにゅう	母乳
분유	こなミルク	粉ミルク
기저귀	オムツ	
젖병	ほにゅうびん	哺乳瓶
포대기	おくるみ	

젖꼭지	おしゃぶり	
유모차	ベビーカー	
아이를 낳다	こどもをうむ	子供を産む
탯줄을 자르다	へそのおをきる	へその緒を切る
태어나다	うまれる	生まれる
자라다	そだつ	育つ
육아하다	こそだてする	子育てする
아이를 기르다	こどもをそだてる	子供を育てる
모유를 주다	ぼにゅうをあたえる	母乳を与える
기저귀를 교환하다	オムツをかえる	オムツを換える

+α 성장과 건강을 기원하는 축하 행사

오미야마이리	おみやまいり	お宮参り

↳ 아이가 태어난 후 처음으로 신사에 참배하는 행사를 말한다.

시치고상	しちごさん	七五三

↳ 어린이의 성장을 축하하는 날로, 남자아이는 3살과 5살, 여자아이는 3살과 7살이 되는 해 11월 15일에 참배하러 간다. 이때 축하의 의미로 홍백으로 물들인 가래엿을 먹는데, 이것을 **千歳飴**(ちとせあめ)라고 한다.

모모노셋구	もものせっく	桃の節句

↳ 여자아이의 장래 행복을 기원하는 날로 매해 3월 3일이 되면 왕과 왕비, 신하들로 구성된 **雛人形**(ひなにんぎょう)를 장식하고 과자의 한 종류인 **雛**(ひな)あられ를 먹으며 축하한다.

단어절	たんごのせっく	端午の節句

↳ 5월 5일에 행해지는 남자아이를 위한 행사로 금붕어를 매단 장대인 **鯉**(こい)のぼり를 매달고 갑옷인 **兜**(かぶと)를 장식한다.

성인식	せいじんしき	成人式

↳ 성인식 날 여자는 결혼하지 않은 여자가 입는 소맷자락이 긴 기모노인 **振袖**(ふりそで)를 입고 남자는 정장이나 전통의상 **袴**(はかま)를 입는다.

◆부부 갈등 · 이혼

불만	ふまん	不満
이혼 사유	りこんりゆう	離婚理由
바람	うわき	浮気
불륜	ふりん	不倫
빚	しゃっきん	借金
성격 차이	せいかくのふいっち	性格の不一致
가정 폭력	かていないぼうりょく	家庭内暴力
학대	ぎゃくたい	虐待
고부 갈등	よめしゅうとめもんだい	嫁姑問題
시집살이	よめいびり	嫁いびり

↘ 시어머니가 며느리를 못살게 구는 것을 말한다.

이혼 신고	りこんとどけ	離婚届
이혼 한 번	バツイチ	
이혼 두 번	バツニ	
이혼하다	りこんする	離婚する
바람 피우다	うわきする	浮気する
불륜을 저지르다	ふりんする	不倫する
빚을 떠안다	しゃっきんをかかえる	借金を抱える
폭력을 휘두르다	ぼうりょくをふるう	暴力を振るう
학대하다	ぎゃくたいする	虐待する
헤어지다	わかれる	別れる

★생애주기

인생	じんせい	人生
생애	しょうがい	生涯
생명	いのち	命

↘ 생명은 生命(せいめい)라고도 한다.

탄생	たんじょう	誕生
생일	たんじょうび	誕生日
돌	いっさいのたんじょうび	１歳の誕生日
연애	れんあい	恋愛
약혼	こんやく	婚約
결혼	けっこん	結婚
임신	にんしん	妊娠
출산	しゅっさん	出産
청춘	せいしゅん	青春
성인	せいじん	成人
환갑	かんれき	還暦
희수	きじゅ	喜寿

↘ 77세를 말한다.

미수	べいじゅ	米寿

↘ 88세를 말한다.

장수	ちょうじゅ	長寿
죽음	し	死
장례식	そうしき	葬式
태어나다	うまれる	生まれる
자라다	そだつ	育つ

살다	いきる	生きる
성인이 되다	せいじんする	成人する
연애하다	れんあいする	恋愛する
약혼하다	こんやくする	婚約する
결혼하다	けっこんする	結婚する
아이를 낳다	こどもをうむ	子供を産む
아이를 기르다	こそだてをする	子育てをする
환갑을 맞이하다	かんれきをむかえる	還暦を迎える
나이를 먹다	としをとる	年を取る
철들다	ものごころがつく	物心が付く
늙다	おいる	老いる
유언을 남기다	ゆいごんをのこす	遺言を残す
죽다	しぬ	死ぬ
돌아가시다	なくなる	亡くなる
장례식을 올리다	そうしきをあげる	葬式を挙げる

★ 일본의 연중행사

1월		
설날 (1월 1일)	しょうがつ	正月
성인식 (1월 두 번째 월요일)	せいじんのひ	成人の日
2월		
절분 (2월 3일 경)	せつぶん	節分
발렌타인데이 (2월 14일)	バレンタインデー	
3월		
히나 마츠리 (3월 3일)	ひなまつり	ひな祭り

화이트데이 (3월 14일)	ホワイトデー	
졸업식	そつぎょうしき	卒業式
4월		
입학식	にゅうがくしき	入学式
벚꽃놀이	はなみ	花見
5월		
단오의 절구 (5월 5일)	たんごのせっく	端午の節句
골든위크	ゴールデン・ウィーク	
5월병	ごがつびょう	5月病

↘ 신입생이나 신입사원이 4월에 새로운 환경에 적응하지 못해 5월에 생기는 병이다.

어머니의 날	ははのひ	母の日
6월		
장마	つゆ	梅雨
6월의 신부	ジューンブライド	
아버지의 날	ちちのひ	父の日
7월		
칠월 칠석	たなばた	七夕
8월		
오봉	おぼん	お盆
불꽃놀이	はなび	花火
유카타	ゆかた	浴衣
부채	うちわ	
여름휴가	なつやすみ	夏休み
9월		
달구경	つきみ	月見

10월		
단풍놀이	もみじがり	紅葉狩り
운동회	うんどうかい	運動会
11월		
시치고상	しちごさん	七五三
↘ 어린이의 성장을 축하하는 잔치다.		
12월		
크리스마스	クリスマス	
오미소카	おおみそか	大晦日
↘ 섣달 그믐날을 가리킨다.		

★ **일본의 휴일**

일본의 축일	にほんのしゅくじつ	日本の祝日
해피 먼데이 제도	ハッピーマンデーせいど	ハッピーマンデー制度
↘ 해피 먼데이 제도는 공휴일의 일부를 종래의 날짜에서 특정한 월요일에 이동시켜 토요일, 일요일과 합해 3일간 쉬는 날로 정하는 제도다.		
대체휴일	ふりかえきゅうじつ	振替休日
↘ 공휴일이 일요일과 겹치면 다음 날을 쉬는 날로 하는 것을 말한다.		
1월		
설날 (1월 1일)	がんたん	元旦
성인의 날 (1월 두 번째 월요일)	せいじんのひ	成人の日
2월		
건국기념일 (2월 11일)	けんこくきねんび	建国記念日
3월		
춘분 (3월 20일 or 3월 21일)	しゅんぶんのひ	春分の日
4월		
쇼와의 날 (4월 29일)	しょうわのひ	昭和の日

5月		
헌법기념일 (5월 3일)	けんぽうきねんび	憲法記念日
식목일 (5월 4일)	みどりのひ	みどりの日
어린이 날 (5월 5일)	こどものひ	こどもの日
7月		
바다의 날 (7월 세 번째 월요일)	うみのひ	海の日
9月		
경로의 날 (9월 세 번째 월요일)	けいろうのひ	敬老の日
추분 (9월 22일 or 23일)	しゅんぶんのひ	秋分の日
10月		
체육의 날 (10월 두 번째 월요일)	たいいくのひ	体育の日
11月		
문화의 날 (11월 3일)	ぶんかのひ	文化の日
근로자의 날 (11월 23일)	きんろうかんしゃのひ	勤労感謝の日
12月		
천황탄생일 (12월 23일)	てんのうたんじょうび	天皇誕生日

시시콜콜 4 몸

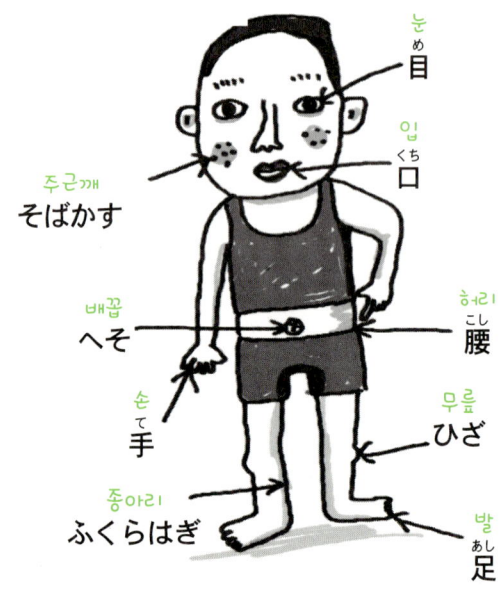

★머리

머리	あたま	頭
머리카락	かみのけ	髪の毛
흰머리	しらが	白髪
대머리	はげあたま	はげ頭
곱슬머리	くせげ	くせ毛

+α '머리' 관련 관용어

머리가 좋다	あたまがいい	頭がいい
골치가 아프다	あたまがいたい	頭が痛い
머리가 수그러지다	あたまがさがる	頭が下がる
화가 나다	あたまにくる	頭に来る

★얼굴

얼굴	かお	顔
이마	おでこ	

↳ 이마는 額(ひたい)라고도 한다.

속눈썹	まつげ	
눈썹	まゆげ	眉毛

+α '얼굴' 관련 관용어

유명해지다	かおがうれる	顔が売れる
발이 넓다	かおがひろい	顔が広い
체면이 서다	かおがたつ	顔が立つ
안색을 살피다, 눈치를 보다	かおいろをうかがう	顔色を伺う

| 얼굴에 먹칠을 하다 | かおにどろをぬる | 顔に泥を塗る |

★눈

눈	め	目
눈꺼풀	まぶた	瞼
쌍꺼풀이 없는 눈	ひとえ	一重
쌍꺼풀	ふたえ	二重
속 쌍꺼풀	おくぶたえ	奥二重
눈동자	ひとみ	瞳
눈곱	めやに	目やに
눈물	なみだ	涙

+α '눈' 관련 관용어

안목이 높다	めがたかい	目が高い
매우 좋아하다	めがない	目がない
몹시 바쁘다	めがまわる	目が回る
눈의 가시	めのうえのこぶ	目の上のこぶ
↳ 目の上のたんこぶ라고도 한다.		
주목하다, 눈여겨 보다	めをつける	目をつける
관대하게 봐주다	おおめにみる	大目に見る

★귀

귀	みみ	耳
귓불	みみたぶ	耳たぶ

귓밥	みみくそ	耳くそ

+α '귀' 관련 관용어

귀에 거슬리다	みみにつく	耳につく
귀에 못이 박히다	みみにたこができる	耳にたこができる
귀를 기울이다	みみをすます	耳をすます

★코

코	はな	鼻
콧구멍	はなのあな	鼻の穴
콧물	はなみず	鼻水
코딱지	はなくそ	鼻くそ
코털	はなげ	鼻毛

+α '코' 관련 관용어

콧대가 높다	はながたかい	鼻が高い
싫증나다	はなにつく	鼻につく
내세우다, 자랑하다	はなにかける	鼻にかける

★입

입	くち	口
입술	くちびる	唇
혀	した	舌
침	つば	

+α '입' 관련 관용어

말이 없다	くちがおもい	口が重い
입이 무겁다	くちがかたい	口が堅い
입이 가볍다	くちがかるい	口が軽い
말실수를 하다	くちがすべる	口がすべる
입에 맞다	くちにあう	口に合う
말하다, 먹다	くちにする	口にする

∗수염

수염	ひげ	
콧수염	くちひげ	口ひげ
턱수염	あごひげ	
구렛나루	もみあげ	
털보	ひげづら	ひげ面

∗이

이	は	歯
잇몸	はぐき	歯ぐき
사랑니	おやしらず	親知らず
뻐드렁니	やえば	八重歯
앞니	まえば	前歯
어금니	おくば	奥歯
틀니	いれば	入れ歯
임플란트	インプラント	
충치	むしば	虫歯

★턱

턱	あご	
이중턱	にじゅうあご	二重顎

★뺨

뺨	ほっぺた	
볼	ほお	頬
보조개	えくぼ	
주근깨	そばかす	
검버섯	シミ	
점	ほくろ	
여드름	にきび	
주름	しわ	
다크서클	クマ	

★목

목	くび	首
목구멍	のど	
목젖	のどちんこ	
목덜미	うなじ	
딸꾹질	しゃっくり	
트림	げっぷ	
재채기	くしゃみ	

+α '목' 관련 관용어

학수고대하다	くびをながくする	首を長くする
해고되다	くびになる	首になる

★가슴

가슴	むね	胸
마음	こころ	心

↳ 마음이란 말은 '마음, 정신, 기'란 뜻의 気(き)로도 쓴다.

유방	ちぶさ	乳房
젖꼭지	ちくび	乳首
심장	しんぞう	心臓
폐	はい	肺
근육	きんにく	筋肉
혈액	けつえき	血液
피	ち	血

+α '마음' 관련 관용어

마음이 무겁다	きがおもい	気が重い
성급하다	きがはやい	気が早い
성미가 급하다	きがみじかい	気が短い
깨닫다, 정신이 들다	きがつく	気が付く
마음이 맞다	きがあう	気が合う
눈치가 있다	きがきく	気が利く

↳ 자잘한 데까지 생각이 잘 미치는 것을 말한다.

마음이 내키다	きがむく	気が向く

마음에 들다	きにいる	気に入る
마음에 걸리다	きにかかる	気にかかる
마음에 두다	きにする	気にする
신경 쓰이다	きになる	気になる
마음을 쓰다	きをつかう	気を使う
배려하다	きをくばる	気を配る
조심하다, 주의하다	きをつける	気をつける
어깨를 나란히 하다	かたをならべる	肩を並べる
매우 놀라다	きもをつぶす	肝をつぶす

★ 뼈

뼈	ほね	骨
피부	はだ	肌

↘ 피부는 **皮膚**(ひふ)라고도 한다.

★ 어깨

어깨	かた	肩
팔	うで	腕
팔꿈치	ひじ	肘
팔목	てくび	手首
팔뚝	にのうで	二の腕
옆구리	わきばら	脇腹
겨드랑이	わき	脇
등	せなか	背中

+α '팔' 관련 관용어

솜씨가 좋다	うでがいい	腕がいい
솜씨가 늘다	うでがあがる	腕が上がる
실력발휘를 하다	うでをふるう	腕をふるう

★ 배

배	はら	腹
↘ 배는 おなか라고도 한다.		
위	い	胃
배꼽	へそ	
튀어나온 배꼽	でべそ	出べそ
뱃살	したばら	下腹
지방	しぼう	脂肪
허리	こし	腰
골반	こつばん	骨盤

+α '배' 관련 관용어

화가 나다	はらがたつ	腹が立つ
속이 검다	はらぐろい	腹黒い
배탈이 나다	おなかをこわす	おなかを壊す
마음을 정하다, 작정하다	はらをきめる	腹を決める
본심을 털어놓다	はらをわる	腹を割る

★ 손

손	て	手
손톱	つめ	爪

손가락	ゆび	指
엄지손가락	おやゆび	親指
검지손가락	ひとさしゆび	人差し指
중지	なかゆび	中指
약지	くすりゆび	薬指
새끼손가락	こゆび	小指
손등	てのこう	手の甲
손바닥	てのひら	手のひら
손금	てそう	手相
손목	てくび	手首
주먹	こぶし	

*엉덩이

엉덩이	おしり	お尻
방구	オナラ	
오줌	おしっこ	
똥	うんち	

*다리

다리	あし	脚
발	あし	足
발가락	あしのゆび	足の指
발톱	あしのつめ	足の爪
발바닥	あしのうら	足の裏

발등	あしのこう	足の甲
복사뼈	くるぶし	
발꿈치	かかと	
정강이	すね	
발바닥의 한가운데	つちふまず	土踏まず
↘ 土(つち)(땅)을 踏(ふ)まず(밟지 않는다)는 것에서 생겨난 말이다.		
허벅지	ふともも	太股
무릎	ひざ	膝
종아리	ふくらはぎ	

+α '신체' 관련 기본 동사

눈물이 나다	なみだがでる	涙が出る
콧물이 나다	はなみずがでる	鼻水が出る
코가 막히다	はながつまる	鼻が詰まる
코를 풀다	はなをかむ	鼻をかむ
소변을 보다	しょうべんをする	小便をする
대변을 보다	だいべんをする	大便をする

+α '신체' 관련 주요 표현

잠이 부족해서 눈 밑에 다크서클이 생겼다.	寝不足(ねぶそく)で目(め)の下(した)にクマができた。
이마에 여드름이 생겼다.	おでこににきびができた。
기미, 주근깨 방지를 위해 얼굴에 선크림을 바르다.	シミ、そばかす防止(ぼうし)のために顔(かお)に日焼(ひや)け止(ど)めをぬる。

시시콜콜 5 집

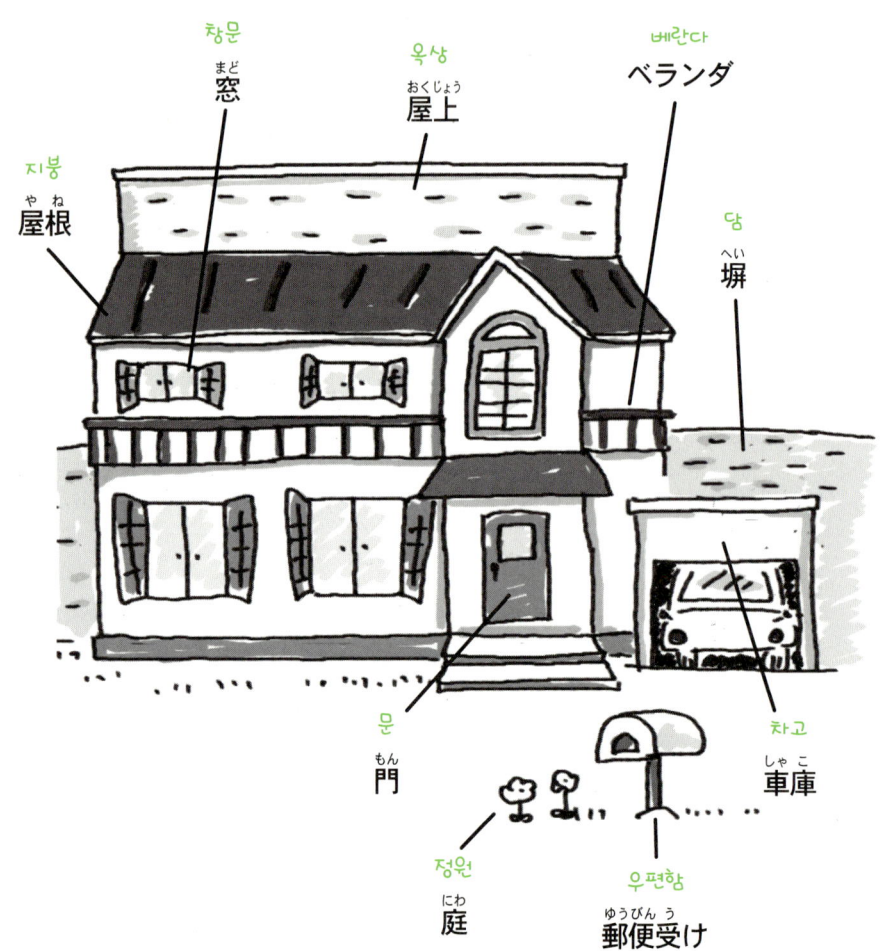

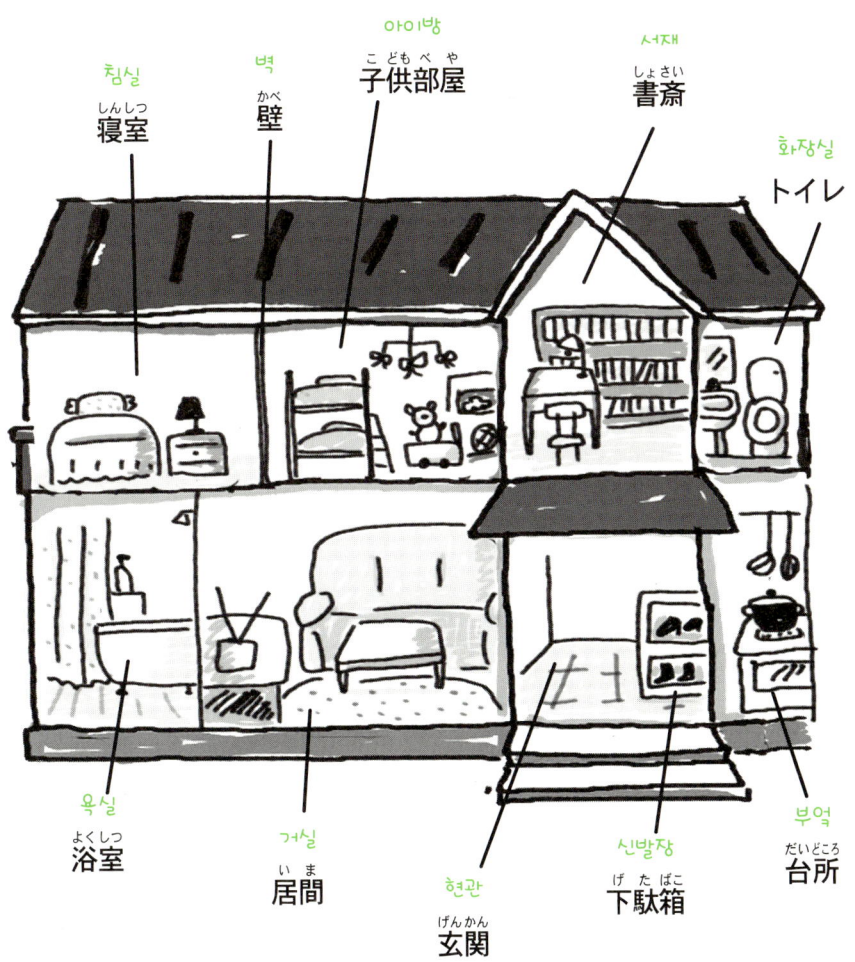

★집

집	いえ	家
주택	じゅうたく	住宅
단독	いっこだて	一戸建て
맨션	マンション	
아파트	アパート	
기숙사	りょう	寮
하숙	げしゅく	下宿
별장	べっそう	別荘

★부동산

부동산	ふどうさん	不動産
집주인	おおや	大家
집세	やちん	家賃
보증금	ほしょうきん	保証金
사례금	れいきん	礼金
선불 집세	まえばらいやちん	前払い家賃
중개수수료	ちゅうかいてすうりょう	仲介手数料
이사	ひっこし	引越し
중고	ちゅうこ	中古
신축	しんちく	新築
임대	ちんたい	賃貸

* 실외

지붕	やね	屋根
옥상	おくじょう	屋上
지하	ちか	地下
문	もん	門
벽	かべ	壁
담	へい	塀
정원	にわ	庭
차고	しゃこ	車庫
주차장	ちゅうしゃじょう	駐車場
우편함	ゆうびんうけ	郵便受け
화단	かだん	花壇

* 실내

침실	しんしつ	寝室
아이방	こどもべや	子供部屋
거실	いま	居間
도코노마	とこのま	床の間

↳ 객실인 다타미방 정면에 바닥을 한 층 높여 만들어 놓은 곳. 벽에는 족자를 걸고 바닥에 도자기나 꽃병 같은 것을 장식해 두는 곳이다.

| 부엌 | だいどころ | 台所 |

↳ 부엌은 台所 또는 영어를 그대로 써서 *ダイニング*(dining room)라고도 한다.

| 서재 | しょさい | 書斎 |

욕실	よくしつ	浴室
베란다	ベランダ	
창고	そうこ	倉庫
다락방	やねうらべや	屋根裏部屋
기둥	はしら	柱
천장	てんじょう	天井
복도	ろうか	廊下
바닥	ゆか	床
현관	げんかん	玄関
신발장	げたばこ	下駄箱
구둣주걱	くつべら	靴べら
창문	まど	窓
덧문	あまど	雨戸

*침실

조명	しょうめい	照明
전구	でんきゅう	電球
형광등	けいこうとう	蛍光灯
(전기) 스탠드	でんきスタンド	電気スタンド
커튼	カーテン	
가구	かぐ	家具
장롱	タンス	
옷걸이	ハンガー	
베개	まくら	枕

침대	ベッド	
시트	シーツ	
두꺼운 이불	ふとん	布団
얇은 이불	かけぶとん	かけ布団
요	しきぶとん	敷き布団
담요	もうふ	毛布
붙박이장	おしいれ	押入れ
다타미	たたみ	畳

집

★ 거실

소파	ソファ	
쿠션	クッション	
양탄자	じゅうたん	
방석	ざぶとん	座布団
액자	かけじく	掛け軸
세워놓은 액자	しゃしんたて	写真立て
텔레비전	テレビ	
리모컨	リモコン	
테이블	テーブル	
쓰레기통	ゴミばこ	ゴミ箱
콘센트	コンセント	
스위치	スイッチ	
코드	コード	

★아이 방

책장	ほんだな	本棚
책상	つくえ	机
서랍	ひきだし	引き出し
의자	いす	椅子
2층 침대	にだんベット	二段ベット
시계	とけい	時計
지갑	さいふ	財布
수첩	てちょう	手帳
안경	めがね	眼鏡

★전자제품

전자제품	でんきせいひん	電気製品
밥솥	すいはんき	炊飯器
냉장고	れいぞうこ	冷蔵庫
전자레인지	でんしレンジ	電子レンジ
오븐	オーブン	
가스레인지	ガスレンジ	
가습기	かしつき	加湿器
청소기	そうじき	掃除機
텔레비전	テレビ	
선풍기	せんぷうき	扇風機
에어컨	エアコン	
라디오	ラジオ	

MP3	エムピースリー	
전화기	でんわき	電話機
핸드폰	けいたいでんわ	携帯電話
세탁기	せんたくき	洗濯機
순간온수기	ゆわかしき	湯沸かし器
히터기	ヒーター	
스토브	ストーブ	
고타츠	こたつ	
드라이기	ドライヤー	
TV게임	テレビゲーム	
DVD플레이어	DVDプレーヤー	
라디오	ラジオ	
아이팟	アイポット	
워크맨	ウォークマン	
컴퓨터	パソコン	

*부엌

싱크대	ながしだい	流し台
수도	すいどう	水道
환풍기	かんきせん	換気扇
식탁	しょくたく	食卓

*부엌용품

냄비	なべ	
뚜껑	ふた	

프라이팬	フライパン	
뒤집개	ふらいがえし	フライ返し
주전자	やかん	
커피 포트	ポット	
토스터	トースター	
도마	まないた	まな板
식칼	ほうちょう	包丁
과도	くだものナイフ	果物ナイフ
국자	おたま	お玉
주걱	しゃもじ	
깡통 따개	かんきり	缶切り
쟁반	おぼん	
행주	ふきん	
수건	タオル	
세제	ちゅうぼうせんざい	厨房洗剤
수세미	スポンジ	

↳ 수세미는 たわし라고도 한다.

설거지	しょっきあらい	食器洗い

↳ 설거지는 뒷정리란 단어를 써서 後片付(あとかたづ)け라고도 한다.

젓가락	はし	箸
숟가락	スプーン	
포크	フォーク	
나이프	ナイフ	
식기	しょっき	食器

그릇	うつわ	器
밥그릇	おちゃわん	お茶碗
국그릇	しるわん	汁椀
접시	さら	皿
사발	どんぶり	
컵	コップ	
잔	ゆのみ	湯飲み
숟가락 받침대	はしおき	
병따개	せんぬき	栓抜き
앞치마	エプロン	
바구니	ざる	

★생활용품

손수건	ハンカチ	
손톱깎이	つめきり	爪切り
귀이개	みみかき	耳かき
면봉	めんぼう	綿棒
핀셋	ピンセット	
티슈	ティッシュ	
물티슈	ウェットティッシュ	
생리대	せいりようひん	生理用品
재떨이	はいざら	灰皿
성냥	マッチ	
라이터	ライター	

신문	しんぶん	新聞
잡지	ざっし	雑誌
손전등	かいちゅうでんとう	懐中電灯

★욕실

거울	かがみ	鏡
세면대	せんめんき	洗面器
욕조	バスタブ	
(욕조의) 마개	バスタブのせん	バスタブの栓
수도	すいどう	水道
수도꼭지	じゃぐち	蛇口
면도기	かみそり	
면도칼	かみそり	剃刀
칫솔	はブラシ	歯ブラシ
치약	はみがきこ	歯磨き粉
비누	せっけん	石けん
샴푸	シャンプー	
린스	リンス	
때수건	あかすり	

↘ 일본에서는 때를 밀지 않지만 우리나라 목욕 문화에 꼭 등장하는 단어이므로 알아두는 것이 좋다.

빗	くし	
브러시	ブラシ	

★화장실

변기	べんき	便器
두루마리 휴지	トイレットペーパー	

★빨래

세탁	せんたく	洗濯
세탁기	せんたくき	洗濯機
건조기	かんそうき	乾燥機
세제	せんざい	洗剤
빨랫줄	せんたくひも	洗濯ひも
빨래집게	せんたくバサミ	洗濯バサミ
대야	たらい	

★청소

청소	そうじ	掃除
청소기	そうじき	掃除機
비	ほうき	
쓰레받기	ちりとり	ちり取り
걸레	ぞうきん	雑巾
마른걸레	からぶき	乾拭き
먼지떨이	はたき	
고무장갑	ゴムてぶくろ	ゴム手袋
양동이	バケツ	

+α '하루 일과' 관련 주요 동사

잠이 깨다	めがさめる	目が覚める
일어나다	おきる	起きる
목욕하다	ふろにはいる	風呂に入る
샤워를 하다	シャワーをあびる	シャワーを浴びる
얼굴을 씻다	かおをあらう	顔を洗う
얼굴을 닦다	かおをふく	顔を拭く
이를 닦다	はをみがく	歯を磨く
수염을 깎다	ひげをそる	髭を剃る
머리를 빗다	かみをとかす	髪をとかす
헤어 드라이를 하다	ブローする	
화장을 하다	けしょうをする	化粧をする
옷을 갈아입다	きがえる	着替える
아침밥을 먹다	あさごはんをたべる	朝ごはんを食べる
물을 마시다	みずをのむ	水を飲む
도시락을 싸다	べんとうをつくる	弁当を作る
신문을 읽다	しんぶんをよむ	新聞を読む
화장실에 가다	トイレにいく	トイレに行く
출근하다	しゅっきんする	出勤する
통학하다	つうがくする	通学する
집안일을 하다	かじをする	家事をする
정리하다	かたづける	片付ける
청소하다	そうじする	掃除する

세탁하다	せんたくする	洗濯する
빨래를 말리다	せんたくものをほす	洗濯物を干す
빨래물을 개다	せんたくものをたたむ	洗濯物をたたむ
약속하다	やくそくする	約束する
외출하다	がいしゅつする	外出する

↘ 외출하다는 出掛(でか)ける로도 쓴다.

쇼핑하다	かいものする	買い物する
일하다	はたらく	働く
배우다	まなぶ	学ぶ
놀다	あそぶ	遊ぶ
산책하다	さんぽする	散歩する
낮잠 자다	おひるねをする	お昼寝をする
퇴근하다	たいしゃする	退社する
집에 돌아오다	きたくする	帰宅する
저녁을 먹다	ばんごはんをたべる	晩ごはんを食べる
TV를 보다	テレビをみる	テレビを見る
쉬다	やすむ	休む
자다	ねる	寝る
꿈을 꾸다	ゆめをみる	夢を見る

6 외·출

시시콜콜

실례합니다, OOO은 어디입니까?

すみません、○○○はどこですか。

入場料はいくらですか。
입장료는 얼마에요?

大人2枚ください。
어른 두장 주세요.

タバコがすえる場所はどこですか。

風邪薬をください。

1日3回食後に二錠ずつ飲んでください。

외・출

★ 거리

길	みち	道
도로	どうろ	道路
벤치	ベンチ	
가로수	なみき	並木
전봇대	でんちゅう	電柱
전깃줄	でんせん	電線
간판	かんばん	看板
공원	こうえん	公園
육교	ほどうきょう	歩道橋
신호	しんごう	信号
횡단보도	おうだんほどう	横断歩道

↘ 무단횡단은 **信号無視**(しんごうむし)라고 한다.

교차로	こうさてん	交差点
건널목	ふみきり	踏み切り
다리	はし	橋
주차장	ちゅうしゃじょう	駐車場

★ 건물

건물	たてもの	建物
빌딩	ビル	
은행	ぎんこう	銀行
파출소	こうばん	交番

우체국	ゆうびんきょく	郵便局
서점	しょてん	書店

↘ 책방은 **本屋**(ほんや)라고 한다.

호텔	ホテル	
백화점	デパート	
슈퍼	スーパー	
편의점	コンビニ	
역	えき	駅
미용실	びようしつ	美容室
이발소	とこや	床屋
카페	カフェ	
꽃가게	はなや	花屋
병원	びょういん	病院
약국	やっきょく	薬局

★ 놀이 장소

유원지	ゆうえんち	遊園地
수족관	すいぞくかん	水族館
동물원	どうぶつえん	動物園
식물원	しょくぶつえん	植物園
박물관	はくぶつかん	博物館
미술관	びじゅつかん	美術館
영화관	えいがかん	映画館

팜플렛	パンフレット	
티켓	チケット	
입장	にゅうじょう	入場
입장료	にゅうじょうりょう	入場料
어른	おとな	大人
아이	こども	子ども
~장	~まい	~枚
1매	いちまい	1枚
2매	にまい	2枚
3매	さんまい	3枚

+α '놀이 장소' 관련 주요 표현

팜플렛 있나요?	パンフレットはありますか。
몇 시에 열어요?	何時に開きますか。
몇 시까지 해요?	何時までやっていますか。
몇 시까지 입장할 수 있어요?	何時まで入場できますか。
여기서 티켓을 살 수 있어요?	ここでチケットを買えますか。
입장료는 얼마예요?	入場料はいくらですか。
어른 두 장 주세요.	大人2枚ください。
담배 피워도 되는 곳은 어디예요?	タバコがすえる場所はどこですか。
화장실이 어디예요?	トイレはどこですか。

* 우체국

우체국	ゆうびんきょく	郵便局
우체통	ポスト	

편지	てがみ	手紙
소포	こづつみ	小包
속달	そくたつ	速達
등기	かきとめ	書留
항공편	こうくうびん	航空便
배편	ふなびん	船便
연하장	ねんがじょう	年賀状
엽서	はがき	葉書
우표	きって	切手
이름	なまえ	名前
주소	じゅうしょ	住所
우편번호	ゆうびんばんごう	郵便番号
포장하다	ほうそうする	包装する
보내다	おくる	送る
도착하다	とどく	届く

+α '우체국' 관련 주요 표현

항공편으로 편지를 보내고 싶은데요.	航空便で手紙を送りたいのですが。
한국까지 며칠 걸려요?	韓国まで何日かかりますか。
속달로 부탁합니다.	速達でお願いします。
배편으로 소포를 보내면 언제 도착해요?	船便で小包を送るといつ届きますか。
등기로 해 주세요.	書留にしてください。

★은행

은행	ぎんこう	銀行
돈	おかね	お金
수표	こぎって	小切手
계좌	こうざ	口座
통장	つうちょう	通帳
창구	まどぐち	窓口
입금	ふりこみ	振込み
출금	ひきおとし	引き落とし
송금	そうきん	送金
환전	りょうがえ	両替
이자	りし	利子
수수료	てすうりょう	手数料
융자	ゆうし	融資
도장	いんかん	印鑑
카드	カード	
현금자동인출기	ＡＴＭ	
계좌를 개설하다	こうざをひらく	口座をひらく
통장을 만들다	つうちょうをつくる	通帳を作る
인출하다	ひきだす	引き出す
입금하다	ふりこむ	振り込む
돈을 찾다	おかねをおろす	お金をおろす
송금하다	そうきんする	送金する
환전하다	りょうがえする	両替する

이자가 붙다	りしがつく	利子がつく
수수료가 들다	てすうりょうがかかる	手数料がかかる
도장을 찍다	いんかんをおす	印鑑をおす

+α '은행' 관련 주요 표현

계좌를 개설하고 싶은데요.	口座を開きたいのですが。
현금을 찾고 싶은데요.	現金をおろしたいのですが。
원을 엔으로 바꿔 주세요.	ウォンを円に換えてください。
오늘 환율은 어떻게 돼요?	今日のレートはいくらですか。
수수료가 드나요?	手数料がかかりますか。

★병원

병원	びょういん	病院
외과	げか	外科
내과	ないか	内科
소아과	しょうにか	小児科
이비인후과	じびいんこうか	耳鼻咽喉科
치과	しか	歯科
응급실	おうきゅうセンター	応急センター
구급차	きゅうきゅうしゃ	救急車

↘ 구급차를 부를 때는 우리나라와 같이 119번이지만 범죄신고는 112번이 아닌 110番(ひゃくとうばん)으로 해야 한다.

진단서	しんだんしょ	診断書
처방전	しょほうせん	処方箋

보험	ほけん	保険
영수증	りょうしゅうしょ	領収書
병원에 가다	びょういんにいく	病院に行く
구급차를 부르다	きゅうきゅうしゃをよぶ	救急車を呼ぶ
진찰하다	しんさつする	診察する
보험이 있다	ほけんがある	保険がある
↘ 보험이 없다란 말은 保険(ほけん)がない라고 한다.		
영수증을 받다	りょうしゅうしょをもらう	領収書をもらう

+α '병원' 관련 주요 표현

구급차를 불러 주세요.	救急車を呼んでください。
몸이 안 좋은데요.	具合が悪いのですが。
보험 되나요?	保険使えますか。
진단서하고 영수증을 써주세요.	診断書と領収書を書いてください。

★약

약	くすり	薬
약국	やっきょく	薬局
↘ 약국은 薬局(くすりや)라고도 한다.		
가루약	こなぐすり	粉薬
물약	のみぐすり	飲み薬
1일 3회	いちにちさんかい	１日３回
1회 두 알 복용	いっかいにじょうふくよう	１回２錠服用
식전	しょくぜん	食前

식후	しょくご	食後
외용약	がいようやく	外用薬
내복약	ないふくやく	内服薬
~알	~じょう	~錠
한 알	いちじょう	1錠
두 알	にじょう	2錠
세 알	さんじょう	3錠
감기약	かぜぐすり	風邪薬
진통제	ちんつうざい	鎮痛剤

↘ 진통제는 痛(いた)み止(ど)め라고도 한다.

주사	ちゅうしゃ	注射
링겔	てんてき	点滴
설사약	げざい	下剤
지사제	げりどめ	下痢止め
멀미약	よいどめ	酔い止め
소화제	しょうかざい	消化剤
위장약	いぐすり	胃薬
파스	しっぷ	湿布
물파스	えきたいじょうのしっぷ	液体状の湿布
소독약	しょうどくやく	消毒薬
영양제	えいようざい	栄養剤
수면제	すいみんやく	睡眠薬
안약	めぐすり	目薬
연고	なんこう	軟膏

강장제	きょうそうざい	強壮剤
반창고	ばんそうこう	絆創膏

↘ 반창고는 バンドエイド라고도 한다.

붕대	ほうたい	包帯
약을 먹다	くすりをのむ	薬を飲む
주사를 놓다	ちゅうしゃをする	注射をする
주사를 맞다	ちゅうしゃをうつ	注射をうつ
링겔을 맞다	てんてきをうつ	点滴をうつ
파스를 붙이다	しっぷをはる	湿布をはる
눈약을 넣다	めぐすりをさす	目薬をさす
연고를 바르다	なんこうをぬる	軟膏を塗る
반창고를 붙이다	ばんそうこうをはる	絆創膏を貼る
붕대를 감다	ほうたいをまく	包帯を巻く

+α '약' 관련 주요 표현

감기약 주세요.	風邪薬をください。
이 처방전에 있는 약을 주세요.	この処方箋の薬をください。
어떻게 먹으면 돼요?	どうやって飲めばいいですか。
1일 3회 식후에 두 알씩 드세요.	1日3回食後に二錠ずつ飲んでください。
이 약하고 같이 먹어도 돼요?	この薬と一緒に飲んでもいいですか。

★병

일사병	にっしゃびょう	日射病
냉방병	クーラーびょう	クーラー病
비염	びえん	鼻炎
알레르기	アレルギー	
두드러기	じんましん	
땀띠	あせも	
무좀	みずむし	水虫
피부병	ひふびょう	皮膚病
암	がん	癌
요통	ようつう	腰痛
치통	はいた	歯痛
생리통	せいりつう	生理痛
충치	むしば	虫歯
폐렴	はいえん	肺炎
결핵	けっかく	結核
천식	ぜんそく	喘息
신경통	しんけいつう	神経痛
근육통	きんにくつう	筋肉痛
동상	しもやけ	霜焼け
치질	じ	痔
냉증	ひえしょう	冷え症
기관지염	きかんしえん	気管支炎
식중독	しょくちゅうどく	食中毒

당뇨병	とうにょうびょう	糖尿病
고혈압	こうけつあつ	高血圧
맹장염	もうちょう	盲腸

↘ 맹장염은 충수염이란 단어로 **虫垂炎**(ちゅうすいえん)을 쓰기도 한다.

심장마비	しんぞうまひ	心臓まひ
위궤양	いかいよう	胃かいよう
뇌졸중	のうそっちゅう	脳卒中
뇌막염	のうまくえん	脳膜炎
간염	かんえん	肝炎
성병	せいびょう	性病
에이즈	エイズ	
전염병	でんせんびょう	伝染病
정신병	せいしんびょう	精神病
복막염	ふくまくえん	腹膜炎
소아마비	しょうにまひ	小児まひ
부상	けが	怪我
종양	しゅよう	腫瘍
부스럼	ふきでもの	吹出物
벌레물림	むしさされ	虫刺され
과식	たべすぎ	食べ過ぎ
과음	のみすぎ	飲み過ぎ
과로	かろう	過労
꾀병	けびょう	仮病

병에 걸리다	びょうきになる	病気になる
체온을 재다	たいおんをはかる	体温をはかる
치료하다	ちりょうする	治療する
낫다	なおる	治る
일사병에 걸리다	にっしゃびょうにかかる	日射病にかかる
냉방병에 걸리다	クーラーびょうにかかる	クーラー病にかかる
비염에 걸리다	びえんになる	鼻炎になる
알레르기가 있다	アレルギーがある	
알레르기가 없다	アレルギーがない	
두드러기가 나다	じんましんがでる	
땀띠가 나다	あせもができる	
무좀이 생기다	みずむしができる	あせもができる
생리통이 심하다	せいりつうがひどい	生理痛がひどい
충치가 생기다	むしばになる	虫歯になる
폐렴에 걸리다	はいえんにかかる	肺炎にかかる
결핵에 걸리다	けっかくにかかる	結核にかかる
근육통이 생기다	きんにくつうになる	筋肉痛になる
동상에 걸리다	しもやけができる	霜焼けができる
치질이 생기다	じになる	痔になる
식중독에 걸리다	しょくちゅうどくにかかる	食中毒にかかる

↳ 식중독이란 말은 食(しょく)あたり라고도 한다.

당뇨병에 걸리다	とうにょうびょうになる	糖尿病になる
부상을 입다	けがをする	怪我をする
종양이 생기다	しゅようができる	腫瘍ができる
부스럼이 생기다	ふきでものができる	吹出物ができる
꾀병을 부리다	けびょうをつかう	仮病をつかう

★ 감기

감기	かぜ	風邪
증상	しょうじょう	症状
콧물	はなみず	鼻水
기침	せき	咳
재채기	くしゃみ	

↘ 재채기 소리 '에취'는 ハクション이라고 한다.

두통	ずつう	頭痛
열	ねつ	熱
현기증	めまい	目眩
한기	さむけ	寒気
설사	げり	下痢
독감	インフルエンザ	
신종플루	しんがたインフルエンザ	新型インフルエンザ

+α '감기' 관련 주요 표현

어디가 불편하세요?	どうしましたか。
열이 나요.	熱(ねつ)があります。

열이 안 내려요.	熱が下がりません。
감기 걸렸어요.	風邪をひきました。
입맛이 없어요.	食欲がありません。
토할 것 같아요.	吐きそうです。

↳ 吐気(はきけ)がします라고도 한다.

설사를 해요.	下痢してます。
몸이 안 좋아요.	具合が悪いです。
한기가 들어요.	寒気がします。
기침이 나요.	咳が出ます。
콧물이 나와요.	鼻水が出ます。
목이 아파요.	のどが痛いです。
재채기가 나요.	くしゃみが出ます。
독감에 걸린 것 같아요.	インフルエンザにかかったみたいです。

+α '증상' 관련 주요 표현

머리가 아파요.	頭が痛いです。
머리가 지끈지끈 아파요.	頭ががんがん痛みます。
벌레 물린 데가 가려운데요.	虫に刺されてかゆいのですが。
피곤해요.	疲れています。
눈이 부었어요.	目が腫れています。

체한 것 같아요.	胃もたれを起こしています。
속이 안 좋아요.	気分が悪いです。
속이 메슥거려요.	むかむかします。
속이 쓰려요.	胸焼けがします。
머리가 욱신욱신거려요.	頭がずきずきします。
↳ 頭(あたま)がずきんずきんします라고도 한다.	
따끔따끔해요.	ひりひりします。
어지러워요.	目眩がします。
부러졌어요.	骨折しました。
화상을 입었어요.	やけどをしました。
배탈이 났어요.	おなかをこわしました。

★ 호텔

호텔	ホテル	
유스호스텔	ユースホステル	
일본식 고급 여관	りょかん	旅館
비즈니스호텔	ビジネスホテル	
캡슐호텔	カプセルホテル	
민박	みんしゅく	民宿
러브호텔	ラブホテル	

★ 호텔 방

싱글	シングル	
트윈	ツイン	

더블	ダブル	
세미더블	セミダブル	
스위트룸	スイートルーム	
일본식 다다미방	わしつ	和室
양실	ようしつ	洋室
1인실	ひとりべや	一人部屋
2인실	ふたりべや	二人部屋

*체크인

프런트	フロント	
체크인	チェックイン	
예약	よやく	予約
주소	じゅうしょ	住所
전화번호	でんわばんごう	電話番号
숙박기간	しゅくはくきかん	宿泊期間
1박	いっぱく	1泊
2박	にはく	2泊
3박	さんぱく	3泊
4박	よんはく	4泊
1박 2일	いっぱくふつか	1泊2日
2박 3일	にはくみっか	2泊3日
조식	ちょうしょく	朝食
조식포함	ちょうしょくつき	朝食付き
뷔페	バイキング	

＊체크아웃

체크아웃	チェックアウト	
계산	かいけい	会計
분실	ふんしつ	紛失
돈	おかね	お金
여권	パスポート	
신용카드	クレジットカード	
지갑	さいふ	財布
짐	にもつ	荷物
카메라	カメラ	

+α '호텔' 관련 주요 표현

체크인 부탁드려요.	チェックインお願いします。
빈방 있어요?	部屋は空いてますか。
예, 있습니다.	はい、空いております。
죄송합니다. 오늘은 만실입니다.	申し訳ありません。本日は満室です。
1박에 얼마에요?	一泊いくらですか。
좀 더 싼 방 있어요?	もう少し安い部屋はありますか。
트윈 룸으로 부탁합니다.	ツインをお願いします。
침대방으로 해 주세요.	ベッドのある部屋にしてください。
경치 좋은 방이 있어요?	景色のいい部屋はありますか。
체크인이 몇 시부터 인가요?	チェックインは何時からですか。

아침 식사는 나와요?	朝食は付いていますか。
조식은 뷔페로 오전 7시부터 오전 11시까지 이용 가능합니다.	朝食はバイキングで午前7時から午前11時までご利用いただけます。
체크아웃을 하고 싶은데요.	チェックアウトしたいのですが。
12시까지 짐을 맡아주실 수 있으세요?	12時まで荷物を預かってもらえますか？

+α '트러블' 관련 주요 표현

방에 열쇠를 두고 왔어요.	部屋に鍵を置いてきてしまいました。
뜨거운 물이 안 나와요.	お湯が出ません。
물이 새는데요.	水が漏れるのですが。
전기가 안 켜져요.	電気がつきません。
옆방이 시끄러우니 방을 바꿔 주세요.	となりがうるさいので、部屋をかえてください。
시트를 바꿔 주세요.	シーツをかえてください。

시시콜콜 7 교·통

♪ **自転車（じてんしゃ）** 자전거

リーンリーン どいてください
따르릉 따르릉 비켜나세요

自転車（じてんしゃ）が通（とお）りますリリリリーン
자전거가 나갑니다 따르르르릉

あそこに行（い）くあの人（ひと）気（き）をつけてください
저기 가는 저 사람 조심하세요

ぐずぐずしてたら大変（たいへん）なことになります
우물쭈물하다가는 큰일 납니다

♪ 汽車 기차

汽車道の横　粗末な小屋 / 坊や坊や　ねんねしな
기찻길 옆 오막살이 / 아기 아기 잘도 잔다

シュッポッ / シュッシュッポッポ　シュッシュッポッポ
칙폭 / 칙칙폭폭 칙칙폭폭

汽車の音うるさくても / 坊や坊や　ねんねしな
기차 소리 요란해도 / 아기 아기 잘도 잔다

♪ 飛行機 비행기

飛んだ飛んだ飛行機 / 飛べ飛べ
떴다 떴다 비행기 / 날아라 날아라

高く高く飛べ / 私たちの飛行機
높이 높이 날아라 / 우리 비행기

♬ 위 노래는 우리나라 가사를 일본어로 번역한 내용입니다.

교·통

★ 교통수단

교통수단	こうつうしゅだん	交通手段
자전거	じてんしゃ	自転車
오토바이	オートバイ	
전철	でんしゃ	電車
열차	れっしゃ	列車
지하철	ちかてつ	地下鉄
버스	バス	
택시	タクシー	
신간선	しんかんせん	新幹線
기차	きしゃ	汽車
고속버스	こうそくバス	高速バス

★ 자전거

장바구니 달린 자전거	ママチャリ	
페달	ペダル	
안장	サドル	
자전거를 타다	じてんしゃにのる	自転車に乗る
자전거 페달을 밟다	じてんしゃをこぐ	自転車をこぐ
둘이서 타다	ふたりのりをする	二人乗りをする

+α **'자전거' 관련 노래**

따르릉 따르릉 비켜나세요	リーンリーン どいてください
자전거가 나갑니다 따르르릉	自転車が通ります リリリリーン
저기 가는 저 사람 조심하세요	あそこに行くあの人 気をつけてください
우물쭈물하다가는 큰일납니다	ぐずぐずしてたら 大変なことになります

★ **자동차**

핸들	ハンドル	
브레이크	ブレーキ	
내비게이션	ナビゲーション	
백미러	バックミラー	
운전석	うんてんせき	運転席
뒷좌석	こうぶざせき	後部座席
앞좌석	ぜんぶざせき	前部座席
차일드 시트 (유아용 안전 의자)	チャイルドシート	
클랙슨	クラクション	
운전을 하다	うんてんをする	運転をする
핸들을 꺾다	ハンドルをきる	ハンドルを切る
교통질서를 지키다	こうつうルールをまもる	交通ルールを守る
차멀미가 나다	くるまよいする	車酔いする

★주유소

주유소	ガソリンスタンド	
기름	ガソリン	
만땅(연료를 가득 채움)	まんタン	満タン
세차	せんしゃ	洗車
기름을 넣다	ガソリンをいれる	ガソリンを入れる

+α '주유소' 관련 주요 표현

가득 채워 주세요.	満タンにしてください。
창문을 닦아 주세요.	窓をふいてください。
쓰레기를 버려 주세요.	ごみを捨ててください。

★택시

택시	タクシー	
택시 정류장	タクシーのりば	タクシー乗り場
요금미터기	りょうきんメーター	料金メーター
빈차	くうしゃ	空車
트렁크	トランク	

+α '택시' 관련 주요 표현

택시를 불러 주세요.	タクシーを呼んでください。
○○까지 가 주세요.	○○まで行ってください。
짐을 트렁크에 넣어 주세요.	荷物をトランクに入れてください。
빨리 가 주세요.	急いでください。

여기서 세워 주세요.	ここでとめてください。

★ 버스

버스	バス	
버스 정류장	バスてい	バス停
운전기사	うんてんしゅ	運転手
승강문	じょうこうぐち	乗降口
요금함	りょうきんばこ	料金箱
안전벨트	シートベルト	
손잡이	つりかわ	革かわ
정차버튼	ていしゃボタン	停車ボタン

+α '버스' 관련 주요 표현

○○에 가요?	○○に行きますか。
○○에 가는 버스가 몇 번이에요?	○○に行くバスは何番ですか。
○○는 지나갔어요?	○○は通り過ぎましたか。
여기서 내려 주세요.	ここで降ろしてください。
다음 버스는 몇 시에요?	次のバスは何時ですか。
도착이 몇 시에요?	到着は何時ですか。
예정대로 도착해요?	予定通りに着きますか。

★ 도로

도로	どうろ	道路
차선	しゃせん	車線
차도	しゃどう	車道
신호	しんごう	信号
횡단보도	おうだんほどう	横断歩道
터널	トンネル	
건널목	ふみきり	踏み切り
교차점	こうさてん	交差点
주차장	ちゅうしゃじょう	駐車場
고속도로	こうそくどうろ	高速道路
도로 표지판	どうろひょうしき	道路標識
속도위반	スピードいはん	スピード違反
행선지	いきさき	行き先
지름길	ちかみち	近道
정체	じゅうたい	渋滞
길이 막히다	みちがこむ	道が混む
속도위반하다	スピードいはんする	スピード違反する
횡단보도를 건너가다	おうだんほどうをわたる	横断歩道を渡る
정체에 휘말리다	じゅうたいにまきこまれる	渋滞に巻き込まれる

★역

역	えき	駅
타는 곳	のりば	乗り場
갈아타는 곳	のりかえ	乗り換え
코인 로커	コインロッカー	
표	きっぷ	切符
표 파는 곳	きっぷうりば	切符売り場
왕복표	おうふくきっぷ	往復切符
편도표	かたみちきっぷ	片道切符
정기승차권	ていきじょうしゃけん	定期乗車券
정기권	ていきけん	定期券
회수권	かいすうけん	回数券
개찰구	かいさつぐち	改札口
대합실	まちあいしつ	待合室
분실물 센터	ふんしつぶつセンター	紛失物センター
에스컬레이터	エスカレーター	
엘리베이터	エレベーター	
플랫폼	プラットホーム	
선로	せんろ	線路
순환선	かんじょうせん	環状線
상행선	のぼりせん	上り線
하행선	くだりせん	下り線
매점	ばいてん	売店
시간표	じこくひょう	時刻表

매표기	けんばいき	券売機
취소 버튼	とりけしボタン	取り消しボタン
호출 버튼	よびだしボタン	呼び出しボタン
거스름돈	おつり	
지폐	しへい	紙幣
잔돈	こぜに	小銭
동전	こうか	硬貨
요금 버튼	りょうきんボタン	料金ボタン

★열차

열차의 종류	れっしゃのしゅるい	列車の種類
보통 열차	ふつうれっしゃ	普通列車
급행 열차	きゅうこうれっしゃ	急行列車

↘ 일부 역은 통과하고 주요 역만 서는 열차를 말한다.

특별 급행 열차	とくべつきゅうこうれっしゃ	特別急行列車

↘ 목적지에 가장 빨리 도착하는 열차를 말한다.

특급	とっきゅう	特急
쾌속 열차	かいそくれっしゃ	快速列車

↘ 일부 역은 통과하고 주요 역만 서는 열차를 말한다.

신쾌속 열차	しんかいそく	新快速

↘ 쾌속보다 서는 역이 적은 열차를 말한다.

야간 열차	やこうれっしゃ	夜行列車
좌석	ざせき	座席
노약자석	ゆうせんせき	優先席
지정석	していせき	指定席

자유석	じゆうせき	自由席
통로측 좌석	つうろがわのせき	通路側の席
창측 좌석	まどがわのせき	窓側の席
좌석 번호	ざせきばんごう	座席番号
여성 전용 차량	じょせいせんようしゃりょう	女性専用車両
첫차	しはつ	始発
막차	しゅうでん	終電
발차	はっしゃ	発車
정차	ていしゃ	停車
도착	とうちゃく	到着
통근길 혼잡	つうきんラッシュ	通勤ラッシュ
역장	えきちょう	駅長
차장	しゃしょう	車掌
놓치다	のりおくれる	乗り遅れる
지나치다	のりこす	乗り越す

+α '열차' 관련 주요 표현

표는 어디서 사요?	切符はどこで買いますか。
표를 잘못 샀어요.	切符を買い間違いました。
○○에 가는 것은 어느 쪽인가요?	○○に行くのはどちら側ですか。
이 열차는 어디로 가요?	この列車はどこへいきますか。
막차를 놓쳤어요.	終電に乗り遅れました。

교・통

+α '기차' 관련 노래

기차길 옆 오막살이	汽車道の横 粗末な小屋
아기 아기 잘도 잔다	坊や 坊や ねんねしな
칙폭	シュッポッ
칙칙폭폭 칙칙폭폭	シュッシュッポッポ シュッシュッポッポ
기차 소리 요란해도	汽車の音 うるさくても
아기 아기 잘도 잔다	坊や 坊や ねんねしな

★공항

비행기	ひこうき	飛行機
공항	くうこう	空港
항공권	こうくうけん	航空券
국제선	こくさいせん	国際線
국내선	こくないせん	国内線
입국	にゅうこく	入国
출국	しゅっこく	出国
수속	てつづき	手続き
입국 카드	にゅうこくカード	入国カード
여권	パスポート	
세관	ぜいかん	税関
면세점	めんぜいてん	免税店
이륙	りりく	離陸
착륙	ちゃくりく	着陸
연착	えんちゃく	延着
결항	けっこう	欠航

탑승	とうじょう	搭乗
탑승구	とうじょうぐち	搭乗口
기장	きちょう	機長
객실 승무원	きゃくしつじょうむいん	客室乗務員
기내식	きないしょく	機内食
비즈니스	ビジネス	
이코노미	エコノミー	

+α '공항' 관련 주요 표현

탑승이 몇 시부터예요?	搭乗は何時からですか。
입국 목적은 무엇입니까?	入国目的はなんですか。
입국 목적은 관광이에요.	入国目的は観光です。
좌석 번호가 몇 번이에요?	座席番号は何番ですか。
좌석 벨트를 채우세요.	シートベルトを締めてください。
짐을 선반에 올려 주세요.	荷物を棚に上げてください。
담요 주세요.	毛布をください。

+α '비행기' 관련 노래

떴다 떴다 비행기	飛んだ飛んだ飛行機
날아라 날아라	飛べ飛べ
높이 높이 날아라	高く高く飛べ
우리 비행기	私たちの飛行機

★ 배

배	ふね	船
유람선	ゆうらんせん	遊覧船
여객선	りょきゃくせん	旅客船
화물선	かもつせん	貨物船
항구	みなと	港
부두	ふとう	埠頭
선착장	ふなつきば	船着場
선장	せんちょう	船長
출항	しゅっこう	出港
입항	にゅうこう	入港
배를 타다	ふねにのる	船に乗る
배가 흔들리다	ふねがゆれる	船が揺れる
바다가 거칠어지다	うみがあれる	海が荒れる
배멀미가 나다	ふなよいする	船酔いする

+α '배' 관련 주요 표현

출항은 몇 시예요?	出港(しゅっこう)は何時(なんじ)ですか。
배멀미 나서 속이 안 좋아요.	船酔(ふなよ)いして気分(きぶん)が悪(わる)いです。

시시콜콜 8 학・교

○○대학 문학부 언어커뮤니케이션학과 일본어 전공입니다.

○○大学の文学部 言語コミュニケーション学科 日本語専攻です。

지금 대학원 석사 과정에 재학하고 있습니다.

今、大学院の修士課程に在籍しています。

예상이 빗나가 빵점 받아버렸어.

山が外れて零点をとってしまった。

망쳤어.

終わった。

★학교

담임	たんにん	担任
교장	こうちょう	校長
교감	きょうとう	教頭
선생님	せんせい	先生
학생	がくせい	学生
학년	がくねん	学年
수업	じゅぎょう	授業
공부	べんきょう	勉強
쉬는 시간	やすみじかん	休み時間
시간표	じかんわり	時間割り
교과서	きょうかしょ	教科書
출석	しゅっせき	出席
결석	けっせき	欠席
지각	ちこく	遅刻
조퇴	そうたい	早退
봄방학	はるやすみ	春休み
여름방학	なつやすみ	夏休み
겨울방학	ふゆやすみ	冬休み
~교시	~じかんめ	~時間目
조회	ちょうかい	朝会
HR	ホームルーム	

당번	とうばん	当番
반장	がっきゅういいん	学級委員
반 친구	クラスメート	
특별활동	ぶかつ	部活

+α '학교' 관련 주요 표현

몇 학년인가요?	何年生ですか。
중학교 3학년이에요.	中学 3 年生です。
↳ 줄여서 中 3(ちゅうさん)です(중3이에요)라고도 한다.	
대학교 2학년이에요.	大学 2 年生です。
대학교 2학년이에요.	大学 2 回生です。
↳ 도쿄와 같은 関東(かんとう)지방에서는 2 年生, 오사카와 같은 関西(かんさい)지방에서는 2 回生라고 부르는 경우가 많다.	
몇 학년 몇 반인가요?	何年何組ですか。
↳ 일본에서는 반을 이야기할 때 組(くみ)를 써서 말한다.	
3학년 1반이에요.	3 年 1 組です。

*과목

과목	かもく	科目
국어	こくご	国語
작문	さくぶん	作文
산수	さんすう	算数
수학	すうがく	数学

영어	えいご	英語
과학(초등학교)	りか	理科
과학	かがく	科学
물리	ぶつり	物理
생물	せいぶつ	生物
도덕	どうとく	道徳
사회	しゃかい	社会
일본사	にほんし	日本史
세계사	せかいし	世界史
지리	ちり	地理
체육	たいいく	体育
미술(초등학교)	ずこう	図工
미술(중고등학교)	びじゅつ	美術
음악	おんがく	音楽
서예	しょどう	書道
기술·가정	ぎじゅつかてい	技術家庭

+α '과목' 관련 주요 표현

3교시 수업은 뭐예요?	3時間目の授業は何ですか。
체육 수업이에요.	体育の授業です。
자신 있는 과목은 뭐예요?	得意な科目は何ですか。
수학이에요.	数学です。
자신 없는 과목은 뭐예요?	苦手な科目は何ですか。

영어예요.	英語です。
5교시는 무슨 수업인가요?	5時間目は何の授業ですか。
국어 수업이에요.	国語の授業です。

*학교 시설

칠판	こくばん	黒板

↘ 낙서는 **落書**(らくが)き라고 한다.

분필	チョーク	
칠판지우개	こくばんけし	黒板消し
화이트보드	ホワイトボード	
책상	つくえ	机
의자	いす	
서랍	ひきだし	
창	まど	窓
신발장	げたばこ	下駄箱

↘ 실내화는 **上履**(うわば)き라고 한다.

급식	きゅうしょく	給食
교문	こうもん	校門
교실	きょうしつ	教室
교무실	しょくいんしつ	職員室
양호실	ほけんしつ	保健室
실험실	じっけんしつ	実験室
체육관	たいいくかん	体育館
운동장	うんどうじょう	運動場

★문구

문구	ぶんぼうぐ	文房具
초등학생용 배낭	ランドセル	
필통	ふでばこ	筆箱
연필	えんぴつ	鉛筆
샤프펜슬	シャープペンシル	
지우개	けしゴム	消しゴム
볼펜	ボールペン	
만년필	まんねんひつ	万年筆
노트	ノート	
책받침	したじき	下敷き
자	じょうぎ	定規
가위	はさみ	
풀	のり	
칼	カッター	
스테이플러	ホッチキス	
물감	えのぐ	絵の具
붓	ふで	筆
(물감을 풀기 위한) 물통	みずいれ	水入れ
팔레트	パレット	
종이	かみ	紙

★ 수험

수험	じゅけん	受験
입학시험	にゅうがくしけん	入学試験
입시	にゅうし	入試
합격	ごうかく	合格
불합격	ふごうかく	不合格
낙제	らくだい	落第
수험 번호	じゅけんばんごう	受験番号
수험표	じゅけんひょう	受験票
합격 발표	ごうかくはっぴょう	合格発表
수험생	じゅけんせい	受験生
재수생	ろうにんせい	浪人生
재수	いちろう	一浪
이수	にろう	二浪
삼수	さんろう	三浪
학원	じゅく	塾
입시 학원	よびこう	予備校

↳ **塾**는 공부를 목적으로 중학생까지 다니는 학원을 말한다. 입시를 위해 고등학생이나 재수생들이 다니는 학원은 **予備校**라고 한다.

+α '수험' 관련 주요 표현

재수해서 의학부에 합격했다.	二浪(にろう)して医学部(いがくぶ)に合格(ごうかく)した。
올해 남동생은 수험생입니다.	今年(ことし)弟(おとうと)は受験生(じゅけんせい)です。
대학 입학 시험에 합격했다.	大学(だいがく)の入学試験(にゅうがくしけん)に合格(ごうかく)した。

★시험

시험	しけん	試験
중간시험	ちゅうかんしけん	中間試験
기말시험	きまつしけん	期末試験
테스트	テスト	
시험 용지	マークシート	
실력 테스트	じつりょくテスト	実力テスト
추가시험	ついし	追試
성적표	つうちひょう	通知表
점수	てんすう	点数
학점	たんい	単位

↘ 학점을 学点(がくてん)이라고 하지 않는 것에 주의해야 한다.

이수학점	りしゅうたんい	履修単位
만점	まんてん	満点
영점	れいてん	零点
낙제점	あかてん	赤点
커닝	カンニング	
벼락치기 공부	いちやづけ	一夜漬け
시험을 보다	しけんをうける	試験を受ける
낙제점을 받다	あかてんをとる	赤点を取る
컨닝을 하다	カンニングをする	
성적표를 받다	つうちひょうをうけとる	通知表を受け取る

+α '시험' 관련 주요 표현

시험은 어땠어?	テストどうだった？
예상했던 문제가 나왔어.	予想していた問題がでたよ。
완전 못 봤어.	全然できなかったよ。
망쳤어.	終わった。
시험 전날 밤새워 공부한 것 치고는 꽤 잘 봤어.	一夜漬けのわりには結構できた。

+α '시험' 관련 관용어

예상이 적중하다	やまがあたる	山が当たる
예상이 빗나가다	やまがはずれる	山が外れる
시험에 출제될 부분을 예상하여 그 부분만 공부하다	やまをかける	山をかける

+α '시험' 관련 관용어 주요 표현

예상이 적중해서 시험에서 만점(을) 받았다.	山が当たってテストで満点をとった。
예상이 빗나가 시험에서 빵점(을) 받아버렸다.	山が外れてテストで零点をとってしまった。

★학교행사

입학식	にゅうがくしき	入学式
졸업식	そつぎょうしき	卒業式

↘ 일본은 졸업식을 3월에, 입학식을 벚꽃이 피는 4월에 한다.

오리엔테이션	オリエンテーション	
가정방문	かていほうもん	家庭訪問
수업 참관	じゅぎょうさんかん	授業参観
소풍	えんそく	遠足

음악회	おんがくかい	音楽会
운동회	うんどうかい	運動会
문화제	ぶんかさい	文化祭
체육대회	たいいくさい	体育祭
수학여행	しゅうがくりょこう	修学旅行
졸업여행	そつぎょうりょこう	卒業旅行

★ 운동 경기

국민체조	ラジオたいそう	ラジオ体操
경기	きょうぎ	競技
바구니에 공 넣기	たまいれ	玉入れ
줄다리기	つなひき	綱引き
기마전	くみたいそう	組み体操
릴레이	リレー	
2인3각경기	ににんさんきゃく	二人三脚

★ 대학

대학	だいがく	大学
대학원	だいがくいん	大学院
단과대학	たんきだいがく	短期大学
↘ 단과대학은 줄여서 **短大**(たんだい)라고도 한다.		
전문대학	せんもんがっこう	専門学校
여자대학	じょしだいがく	女子大学
↘ 여자대학은 줄여서 **女子大**(じょしだい)라고도 한다.		
석사과정	しゅうしかてい	修士課程

박사과정	はくしかてい	博士課程
문과계	ぶんけい	文系
이과계	りけい	理系

★학부·학과

학부	がくぶ	学部
사범대학	きょういくだいがく	教育大学
음악대학	おんがくだいがく	音楽大学

↳ 음악대학을 줄인 음대는 音大(おんだい)라고 한다.

미술대학	びじゅつだいがく	美術大学

↳ 미술대학을 줄인 미대는 芸大(げいだい)라고 한다.

의과대학	いがくぶ	医学部
문과대학	ぶんがくぶ	文学部
법과대학	ほうがくぶ	法学部
경영대학	けいえいがくぶ	経営学部
경제학부	けいざいがくぶ	経済学部
경상대학	しょうがくぶ	商学部
공과대학	こうがくぶ	工学部
학과	がっか	学科
전공	せんこう	専攻
전공과목	せんこうかもく	専攻科目
교양과목	きょうようかもく	教養科目

+α '학부·학과' 관련 주요 표현

○○대학 문학부 언어커뮤니케이션학과 일본어 전공입니다.	○○大学の文学部言語コミュニケーション学科日本語専攻です。
지금 대학원 석사 과정에 재학하고 있습니다.	今、大学院の修士課程に在籍しています。

★강의

강의	こうぎ	講義
강좌	こうざ	講座
논문	ろんぶん	論文
졸업논문	そつぎょうろんぶん	卒業論文

↘ 졸업논문은 줄여서 卒論(そつろん)이라고도 한다.

테마	テーマ	
교수	きょうじゅ	教授
조교수	じゅんきょうじゅ	准教授
강사	こうし	講師
시간강사	じかんこうし	時間講師
전임강사	せんにんこうし	専任講師

+α '강의' 관련 주요 표현

졸업 논문 주제는 무엇인가요?	卒論のテーマは何ですか。
담당 교수는 누구인가요?	担当教授は誰ですか。

★대학 내부

강의실	こうぎしつ	講義室
연구실	けんきゅうしつ	研究室
도서관	としょかん	図書館
학생식당	がくせいしょくどう	学生食堂
기숙사	りょう	寮
캠퍼스	キャンパス	
매점	ばいてん	売店
동아리	クラブ	

↳ 일본에서는 동아리와 서클을 구분해서 사용하는데 동아리는 학교에서 부실, 활동비, 연습 장소를 제공해 주는 등 공식적으로 밀어주는 활동이고, 서클은 그야말로 자주적으로 운영하는 단체다. 동아리 부원은 수업을 빼먹고 경기를 나가도 수업을 받은 것으로 인정받는다고 생각하면 쉽다.

서클	サークル	

+α '학교' 관련 기본 동사

알다	しる	知る
알다	わかる	分かる
쓰다	かく	書く
읽다	よむ	読む
배우다	まなぶ	学ぶ
외우다	おぼえる	覚える
시험이 시작하다	じゅぎょうがはじまる	授業が始まる
수업이 끝나다	じゅぎょうがおわる	授業が終わる
시험을 보다(치르다)	しけんをうける	試験を受ける

↳ '시험을 보다'란 말에서 '보다'는 일본어로 '어떤 행동에 응하다'란 뜻이 있는 受ける를 쓴다. 우리말을 생각해서 '시험을 보다'를 試験を見(み)る라고 하지 않도록 주의하기 바란다.

+α する를 붙여 표현하는 단어

공부하다	べんきょうする	勉強する
질문하다	しつもんする	質問する
자습하다	じしゅうする	自習する
예습하다	よしゅうする	予習する
복습하다	ふくしゅうする	復習する
실습하다	じっしゅうする	実習する
이해하다	りかいする	理解する
입학하다	にゅうがくする	入学する
졸업하다	そつぎょうする	卒業する
유급되다	りゅうねんする	留年する
중퇴하다	ちゅうたいする	中退する
휴학하다	きゅうがくする	休学する
복학하다	ふくがくする	復学する
유학하다	りゅうがくする	留学する
편입하다	へんにゅうする	編入する
진급하다	しんきゅうする	進級する
등교하다	とうこうする	登校する
하교하다	げこうする	下校する
전학 가다	てんこうする	転校する
재수하다	ろうにんする	浪人する

+α 'する를 붙여 표현하는 단어' 주요 표현

집에서 매일 예습 · 복습을 하고 있다.	家で毎日予習復習をしている。
내년에 대학을 졸업해요.	来年大学を卒業します。
아빠의 일 관계로 전학왔다.	父の仕事の都合で転校してきた。
해외에 유학하고 있어요.	海外に留学しています。
내년에 초등학교 5학년에서 초등학교 6학년으로 진급합니다.	来年小学5年生から小学6年生に進級します。

시시콜콜 9 회·사

여보세요.
もしもし。

네, ○○회사입니다.
はい、○○会社でございます。

○○씨, 계신가요?
○○さん、いらっしゃいますか?

네, 잠시만 기다리세요.
はい、少々お待ちください。

네, 전화 바꿨습니다. ○○입니다.
はい、お電話変わりました。○○です。

○○は지금 자리를 비웠는데요….
○○はただいま、席を外しておりますが…。

돌아오면 전화해 달라고
전해 주시겠습니까?
戻ってきたら、電話してくれるように
伝えていただけませんか？

다시 한 번 말씀해 주시겠습니까?
もう一度おっしゃって
いただけませんか。

소리가 잘 안 들리는데요….
お声が少し遠いようですが…。

★회사

회사	かいしゃ	会社
상사	しょうしゃ	商社
직업	しょくぎょう	職業
직장	しょくば	職場
일	しごと	仕事
관리직	かんりしょく	管理職
사무직	じむしょく	事務職
사무원	じむいん	事務員
책임자	せきにんしゃ	責任者
상사	じょうし	上司
부하	ぶか	部下
경영자	けいえいしゃ	経営者
종업원	じゅうぎょういん	従業員
정사원	せいしゃいん	正社員
파견 사원	はけんしゃいん	派遣社員
계약직	けいやくしゃいん	契約社員
아르바이트	アルバイト	
시간제 근무	パートタイム	
일용직	ひやとい	日雇い
프리랜서	フリーランサー	
재택근무	ざいたくきんむ	在宅勤務
승진	しょうしん	昇進

영전	えいてん	栄転
정년	ていねん	定年

★ 기업 형태

기업	きぎょう	企業
대기업	だいきぎょう	大企業
중소기업	ちゅうしょうきぎょう	中小企業
법인	ほうじん	法人
재단	ざいだん	財団
민영	みんえい	民営
공영	こうえい	公営
국영	こくえい	国営
합작회사	がっぺいがいしゃ	合併会社
합병	がっぺい	合併
창립	そうりつ	創立
경영	けいえい	経営
본사	ほんしゃ	本社
지사	ししゃ	支社
모회사	おやがいしゃ	親会社
자회사	こがいしゃ	子会社
영업소	えいぎょうしょ	営業所
체인점	チェーンてん	チェーン店
공장	こうじょう	工場

★ 회사 업무

출근	しゅっしゃ	出社
퇴근	たいしゃ	退社
잔업	ざんぎょう	残業
사무	じむ	事務
업무	ぎょうむ	業務
용건	ようけん	用件
급한 용무	きゅうよう	急用
임무	にんむ	任務
자격	しかく	資格
능력	のうりょく	能力
실력	じつりょく	実力
기획	きかく	企画
서류	しょるい	書類
찬성	さんせい	賛成
반대	はんたい	反対
인사 이동	じんじいどう	人事移動
생산	せいさん	生産
유통	りゅうつう	流通
소비	しょうひ	消費
원료	げんりょう	原料
재료	ざいりょう	材料
상품	しょうひん	商品
상점	しょうてん	商店

상표	しょうひょう	商標
매상	うりあげ	売り上げ
팩스	ファックス	
복사기	コピーき	コピー機
프린터	プリンター	
출근하다	しゅっきんする	出勤する
퇴근하다	たいしゃする	退社する

↘ 우리말로 退社(퇴사)는 회사를 그만두는 것이지만 일본어에서는 退社가 퇴근을 의미하고, 퇴사는 退職(たいしょく)라고 한다. 정년퇴직은 定年退職(ていねんたいしょく)라고 하며, 여자가 결혼하면서 회사를 그만두는 것은 축복퇴사, 즉 寿退社(ことぶきたいしゃ)라고 한다.

일하다	はたらく	働く
근무하다	きんむする	勤務する
지각하다	ちこくする	遅刻する
조퇴하다	そうたいする	早退する
결근하다	けっきんする	欠勤する

↘ 무단결근은 無断欠勤(むだんけっきん)이라고 한다.

잔업하다	ざんぎょうする	残業する
담당하다	たんとうする	担当する
맡기다	まかせる	任せる
출장가다	しゅっちょうする	出張する
지급하다	しきゅうする	支給する
지불하다	しはらう	支払う
승진하다	しょうしんする	昇進する

회·사

전근 가다	てんしょくする	転職する
퇴직하다	たいしょくする	退職する
결제하다	けっさいする	決済する
교대하다	こうたいする	交代する
관리하다	かんりする	管理する
논의하다	はなしあう	話し合う
제안하다	ていあんする	提案する
제출하다	ていしゅつする	提出する
결정하다	けっていする	決定する
보고하다	ほうこくする	報告する

+α '회사' 관련 주요 표현

조퇴하겠습니다.	早退(そうたい)させていただきます。
퇴근시간은 오후 6시입니다.	退社時間(たいしゃじかん)は午後(ごご)6時(ろくじ)です。
먼저 실례하겠습니다.	お先(さき)に失礼(しつれい)します。
수고하셨습니다.	お疲(つか)れ様(さま)でした。
수고하세요.	ご苦労様(くろうさま)です。

★월급

월급	きゅうりょう	給料
↘ 월급날은 **給料日**(きゅうりょうび)라고 한다.		
보너스	ボーナス	
일당	にっきゅう	日給
시급	じきゅう	時給

수당	てあて	手当て
연금	ねんきん	年金
임금	ちんぎん	賃金
연봉	ねんぽう	年俸

*휴가

휴가	きゅうか	休暇
육아 휴가	いくじきゅうか	育児休暇
출산 휴가	しゅっさんきゅうか	出産休暇
유급 휴가	ゆうきゅうきゅうか	有給休暇
무급 휴가	むきゅうきゅうか	無給休暇

*직급

회장	かいちょう	会長
사장	しゃちょう	社長
부사장	ふくしゃちょう	副社長
중역	じゅうやく	重役
이사	とりしまりやく	取締役
전무	せんむ	専務
상무	じょうむ	常務
부장	ぶちょう	部長
차장	じちょう	次長
과장	かちょう	課長
실장	しつちょう	室長

대리	かちょうだいり	課長代理
계장	かかりちょう	係長
주임	しゅにん	主任
평사원	ひらしゃいん	平社員
비서	ひしょ	秘書
신입사원	しんにゅうしゃいん	新入社員

↳ 신입사원은 **新米**(しんまい)라고도 한다.

★부서

총무부	そうむぶ	総務部
경리부	けいりぶ	経理部
인사부	じんじぶ	人事部
영업부	えいぎょうぶ	営業部
총무과	そうむか	総務課
서무과	しょむか	庶務課
인사과	じんじか	人事課

★판매

판매	はんばい	販売
장사	しょうばい	商売
지배인	しはいにん	支配人
점장	てんちょう	店長
고객	こきゃく	顧客

★회사 거래

거래	とりひき	取引き
거래처	とりひきさき	取引先
대리점	だいりてん	代理店
하청	したうけ	下請
접대	せったい	接待
뇌물	わいろ	賄賂
견적	みつもり	見積もり
견적서	みつもりしょ	見積書
명함	めいし	名刺
견본	みほん	見本
샘플	サンプル	
회의	かいぎ	会議
의제	ぎだい	議題
상담	しょうだん	商談
협의	きょうぎ	協議
교섭	こうしょう	交渉
타협	だきょう	妥協
수입	ゆにゅう	輸入
수출	ゆしゅつ	輸出
도매	おろしうり	卸売り
소매	こうり	小売り

+α '회사 거래' 관련 주요 표현

일본 기업체와 거래가 있어요?	日本企業と取引きがありますか。
중국에 수출한 적이 있어요?	中国に輸出したことがありますか。

★ 전화

전화	でんわ	電話
영상전화	テレビでんわ	テレビ電話
매너모드	マナーモード	
전화번호	でんわばんごう	電話番号

↳ 0은 ぜろ로 표현하며, 7의 경우는 しち라고 말하면 いち로 들리기 쉬우므로 가급적 혼란을 피하기 위해서 なな로 발음하는 것이 좋다. -(에)는 の로 발음한다.
예) 03-3350-8673 (ぜろ さん の さん さん ご ぜろ の はち ろく なな さん)

외출	がいしゅつ	外出
부재중	るす	留守

↳ 부재중 전화는 留守番電話(るすばんでんわ)라고 한다.

즉시	おりかえし	折り返し
재차	ふたたび	再び
전화를 걸다	でんわをかける	電話をかける
전화를 받다	でんわにでる	電話に出る
자리를 비우다	せきをはずす	席を外す

+α '전화' 관련 주요 표현

여보세요.	もしもし。
네, ○○회사입니다.	はい、○○会社でございます。
항상 신세 지고 있습니다.	いつもお世話になっております。

↳ 일본에서는 거래처에서 전화가 오면 습관적으로 항상 이 말을 붙인다.

○○씨 계신가요?	○○さん、いらっしゃいますか?
네, 잠시만 기다리세요.	はい、少々お待ちください。
네, 전화 바꿨습니다. ○○입니다.	はい、お電話変わりました。○○です。
○○는 지금 자리를 비웠는데요….	○○はただいま、席を外しておりますが…。
3시에는 돌아올 예정입니다.	3時には戻る予定です。
돌아오면 전화해 달라고 전해 주시겠습니까?	戻ってきたら、電話してくれるように伝えていただけませんか?
죄송합니다만, 공교롭게도 ○○는 출장 중입니다.	申し訳ございませんが、あいにく○○は出張中でございます。
메모 남겨 주시겠어요?	伝言お願いできますか?
뭔가 전할 말씀 있으세요?	何か伝言ございますか。
다시 한 번 말씀해 주시겠습니까?	もう一度おっしゃっていただけませんか。
소리가 잘 안 들리는데요….	お声が少し遠いようですが…。

*취업

구인	きゅうじん	求人
모집	ぼしゅう	募集
경력	けいれき	経歴
이력서	りれきしょ	履歴書
보수	ほうしゅう	報酬
연봉	ねんぽう	年俸
취직	しゅうしょく	就職

입사	にゅうしゃ	入社
응모	おうぼ	応募
면접	めんせつ	面接
채용	さいよう	採用
그 해의 학교를 졸업함, 또는 졸업자	しんそつ	新卒
중도	ちゅうと	中途
신규 채용	しんそつさいよう	新卒採用
중도 채용	ちゅうとさいよう	中途採用
출근	しゅっきん	出勤
첫 출근	はつしゅっきん	初出勤
모집하다	ぼしゅうする	募集する
계약하다	けいやくする	契約する
고용하다	やとう	雇う
입사하다	にゅうしゃする	入社する

+α '취업' 관련 주요 표현

원하는 회사에 이력서를 보냈다.	希望の会社に履歴書を送った。
오늘 회사 면접시험을 봤다.	今日、会社の面接試験を受けた。
아르바이트를 모집하고 있나요?	アルバイトの募集していますか。
입사 몇 년째입니까?	入社何年目ですか。
입사 3년째입니다.	入社３年目です。

★해고

해고	かいこ	解雇
정리해고	リストラ	
부당해고	ふとうかいこ	不当解雇
퇴직	たいしょく	退職
실업	しつぎょう	失業
파업	ストライキ	
태업	サボタージュ	
잘림	くび	首
사표	じひょう	辞表
권고 사유	かんこくじゆう	勧告事由
노동조합	ろうどうくみあい	労働組合
실업자	しつぎょうしゃ	失業者
잘리다	くびになる	首になる
정리해고 되다	リストラされる	
좌천되다	させんされる	左遷される
실직하다	しつぎょうする	失業する
퇴직하다	たいしょくする	退職する
사표를 내다	じひょうをだす	辞表を出す

+α '해고' 관련 주요 표현

불경기라서 회사에서 잘렸다.	不景気(ふけいき)で会社(かいしゃ)を首(くび)になった。
올해 정년퇴직을 한다.	今年(ことし)、定年退職(ていねんたいしょく)する。

사이즈는 어떠세요?
サイズはどうですか。

아, 딱 맞습니다.
あ、ぴったりです。

이걸로 주세요.
これ、ください。

가방 파는 곳은 어디인가요?
かばん売り場はどこですか。

지하 1층이에요.
地下一階です。

쇼·핑

★쇼핑 관련 기본 표현

길다	ながい	長い
짧다	みじかい	短い
크다	おおきい	大きい
작다	ちいさい	小さい
헐렁하다	ゆるい	緩い
꼭 끼다	きつい	
화려하다	はでだ	派手だ
수수하다	じみだ	地味だ
싸다	やすい	安い
비싸다	たかい	高い
얇다	うすい	薄い

↘ 薄(うす)い에는 '얇다'라는 의미 외에 '(어떠한 색 등이)연하다'란 뜻도 있다.

두껍다	あつい	厚い
무겁다	おもい	重い
가볍다	かるい	軽い
진하다	こい	濃い
사다	かう	買う
팔다	うる	売る
찾다	さがす	探す
부르다	よぶ	呼ぶ
보다	みる	見る

입다	きる	着る
신다	はく	履く
벗다	ぬぐ	脱ぐ
끼다	はめる	
갈아입다	きがえる	着替える
걸치다	はおる	羽織る

↘ 가디건이나 모피, 웃옷, 코트 등은 **羽織**る를 쓴다는 점에 유의해야 한다.

비교하다	くらべる	比べる
만지다	さわる	触る
묻다	たずねる	尋ねる
주문하다	ちゅうもんする	注文する
입어 보다	しちゃくする	試着する
정하다	きめる	決める
지불하다	しはらう	支払う
싸다	つつむ	包む
반품하다	へんぴんする	返品する
교환하다	こうかんする	交換する

★ 옷

옷	ふく	服
평상복	ふだんぎ	普段着
정장	せいそう	正装
외출복	がいしゅつぎ	外出着

일본옷	わふく	和服
기모노	きもの	着物
유카타	ゆかた	浴衣
헌옷	ふるぎ	古着
새옷	あたらしいふく	新しい服
양복	ようふく	洋服

↘ 洋服와 같은 말로 スーツ(슈트)가 있는데 둘 다 남녀정장을 가리키는 말로, 背広(せびろ)란 단어는 남성정장만을 가리킨다.

맞춤	オーダーメイド	
재킷	ジャケット	
코트	コート	
스웨터	セーター	
점퍼	ジャンパー	
가디건	カーディガン	
트레이닝복	トレーナー	
체육복	ジャージ	
모피	けがわ	毛皮
드레스	ドレス	
티셔츠	Tシャツ	
셔츠	シャツ	
반팔	はんそで	半袖
긴팔	ながそで	長袖

+α 동사 着る를 쓰는 단어

아래 단어를 입을 때는 동사 着(き)る를 쓴다.		
나시	ノースリーブ	
원피스	ワンピース	
투피스	ツーピース	
블라우스	ブラウス	
조끼	ベスト	
수영복	みずぎ	水着
웃옷	うわぎ	上着
속옷	したぎ	下着
잠옷	パジャマ	
↳ 잠옷은 **寝間着**(ねまき)라고도 한다.		
옷, 의복	きもの	着物

+α 동사 履く를 쓰는 단어

우리말로는 잠옷도 입고 스커트도 입지만 일본어로는 아래 단어를 입을 때, 동사 履(は)く를 쓴다.		
스커트	スカート	
바지	ズボン	
반바지	はんズボン	半ズボン
청바지	Gパン	ジーパン
팬티	パンツ	
양말	くつした	靴下
스타킹	ストッキング	

쇼 · 핑

★옷 사이즈

사이즈	サイズ
S	エス
M	エム
L	エル
XL	エックスエル
XXL	エックスエックスエル

+α '옷 사이즈' 관련 주요 표현

사이즈는 어떻게 되세요?	サイズは何(なん)ですか。
S사이즈예요.	Sサイズです。
사이즈는 어떠세요?	サイズはどうですか。
딱 맞아요.	ぴったりです。
길어요.	長(なが)いです。
짧아요.	短(みじか)いです。
좀 큰 것 같아요.	少(すこ)し大(おお)きいようです。
작아요.	小(ちい)さいです。
기장을 조절해 주겠어요?	丈(たけ)を直(なお)してもらえますか。
줄여 주세요.	つめてください。
맞출 수 있어요?	オーダーメイドはできますか。
소재가 뭐예요?	素材(そざい)は何(なん)ですか。

★액세서리

액세서리	アクセサリー	
귀걸이	イヤリング	
피어스	ピアス	
목걸이	ネックレス	
팔찌	ブレスレット	
반지	ゆびわ	指輪
액세서리를 하다	アクセサリーをつける	
액세서리를 빼다	アクセサリーをはずす	
이어링을 하다	イヤリングをつける	
이어링을 빼다	イヤリングをはずす	
피어스를 하다	ピアスをする	
피어스를 빼다	ピアスをはずす	
목걸이를 하다	ネックレスをつける	
목걸이를 빼다(풀다)	ネックレスをはずす	
팔찌를 하다	ブレスレットをつける	
팔찌를 빼다(풀다)	ブレスレットをはずす	
반지를 끼다	ゆびわをはめる	指輪をはめる
반지를 빼다	ゆびわをはずす	指輪をはずす

★우산

우산	かさ	傘
양산	ひがさ	日傘
접는 우산	おりたたみがさ	折りたたみ傘

긴 우산	ながいかさ	長い傘
비닐우산	ビニールがさ	ビニール傘
우산을 쓰다	かさをさす	傘をさす
우산을 접다	かさをたたむ	傘をたたむ

★가방

가방	かばん
백	バッグ
핸드백	ハンドバッグ
숄더백	ショルダーバッグ
여행가방	スーツケース
배낭	リュックサック
포치	ポーチ

+α '가방' 관련 기본 동사

어깨에 메다	かたにかける	肩にかける
핸드백을 메다	ハンドバッグをもつ	ハンドバッグを持つ
배낭을 메다	リュックサックをせおう	リュックサックを背負う

★신발

신발	はきもの	履物
구두	くつ	靴
운동화	うんどうぐつ	運動靴
부츠	ブーツ	

하이힐	ハイヒール	
장화	ながぐつ	長靴
샌들	サンダル	
스니커즈	スニーカー	
슬리퍼	スリッパ	
게타(외나막신)	げた	下駄
가죽 구두	かわぐつ	革靴
굽	ヒール	

+α '신발' 관련 기본 동사

구두를 신다	くつをはく	靴を履く
구두를 벗다	くつをぬぐ	靴を脱ぐ

+α '신발' 관련 기본 형용사

꼭 끼다	きつい
헐렁하다	ゆるい

★신발 사이즈

신발 사이즈	くつのサイズ	靴のサイズ
230(23)	にじゅうさん	
235(23.5)	にじゅうさんてんご	
240(24)	にじゅうよん	
250(24.5)	にじゅうよんてんご	
260(26)	にじゅうろく	

+α '신발 사이즈' 관련 주요 표현

발 사이즈는 어떻게 되나요?	足のサイズは何センチですか。
↘ 일본에서는 '발 사이즈는 몇 센티인가요?'로 물어본다.	
235예요.	２３．５センチです。

★패션 잡화

모자	ぼうし	帽子
안경	めがね	眼鏡
장갑	てぶくろ	手袋
넥타이	ネクタイ	
목도리	マフラー	
스카프	スカーフ	
시계	とけい	時計
벨트	ベルト	
손수건	ハンカチ	
지갑	さいふ	財布
안경을 쓰다	めがねをかける	眼鏡をかける
안경을 벗다	めがねをはずす	眼鏡をはずす
모자를 쓰다	ぼうしをかぶる	帽子をかぶる
모자를 벗다	ぼうしをぬぐ	帽子を脱ぐ
장갑을 끼다	てぶくろをはめる	手袋をはめる
장갑을 벗다	てぶくろをはずす	手袋をはずす
넥타이를 메다	ネクタイをしめる	
넥타이를 풀다	ネクタイをはずす	

머플러를 하다	マフラーをする	
머플러를 풀다	マフラーをはずす	
스카프를 두르다	スカーフをまく	スカーフを巻く
스카프를 풀다	スカーフをはずす	
시계를 차다	とけいをつける	時計をつける
시계를 풀다	とけいをはずす	時計をはずす

★재질

면	めん	綿
나이론	ナイロン	
가죽	かわ	革
비단	きぬ	絹
마	あさ	麻

★무늬

무늬	がら	柄
줄무늬	ストライプ	
꽃무늬	はながら	花柄
체크	チェック	
물방울무늬	みずたま	水玉
무지	むじ	無地

★색상

색	いろ	色
금색	きんいろ	金色

은색	ぎんいろ	銀色
검정색	くろ	黒
흰색	しろ	白
노란색	きいろ	黄色
핑크	ピンク	
갈색	ちゃいろ	茶色
녹색	みどり	緑
회색	グレー	
보라색	むらさき	紫
베이지	ベージュ	
곤색	こん	紺

+α '색상' 관련 주요 표현

좋아하는 색깔은 뭐예요?	好きな色は何ですか。
핑크예요.	ピンクです。

★층

~층	~かい	~階
1층	いっかい	1階
2층	にかい	2階
3층	さんかい	3階
4층	よんかい	4階
5층	ごかい	5階
6층	ろっかい	6階

7층	ななかい	7階
8층	はちかい	8階
9층	きゅうかい	9階
10층	じゅっかい	10階
11층	じゅういっかい	11階
몇 층	なんかい	何階

+α '층수' 관련 주요 표현

여기는 몇 층이에요?	ここは何階（なんかい）ですか？
3층이에요.	3階（さんかい）です。
가방 파는 곳은 어디인가요?	かばん売（う）り場（ば）はどこですか。
지하 1층이에요.	地下一階（ちかいっかい）です。

★방향과 위치

위	うえ	上
아래	した	下
상하	じょうげ	上下
앞	まえ	前
뒤	うしろ	後ろ
전후	ぜんご	前後
오른쪽	みぎ	右
왼쪽	ひだり	左
좌우	さゆう	左右
안	なか	中

속	おく	奥
옆	よこ	横
곁	そば	
가운데	まんなか	真ん中
가장자리	はし	端
구석	すみ	隅
사이	あいだ	間
모서리	かど	角
바닥	そこ	底
겉	おもて	表
속	うら	裏
반대쪽	はんたいがわ	反対側
맞은편	むかいがわ	向かい側
정면	しょうめん	正面
저쪽	むこう	向こう
동	ひがし	東
서	にし	西
남	みなみ	南
북	きた	北
똑바로 가다	まっすぐすすむ	まっすぐ進む
돌다	まがる	曲がる
올라가다	あがる	上る
내려가다	おりる	降りる

+α '방향과 위치' 관련 주요 표현

이 길을 똑바로 가세요.	この道(みち)をまっすぐ進(すす)んでください。
다음 모서리를 오른쪽으로 돌아가요.	次(つぎ)の角(かど)を右(みぎ)に曲(ま)がります。
2층에서 3층으로 올라가요.	2階(にかい)から3階(さんがい)に上(あ)がります。
은행 맞은편 길을 건너가요.	銀行(ぎんこう)の向(む)かい側(がわ)の道(みち)を渡(わた)ります。

＊계산

계산	けいさん	計算
↘ 계산은 다른 말로 **お勘定**(かんじょう), **お支払**(しはら)い라고 한다.		
얼마	いくら	
가격	ねだん	値段
계산대	レジ	
계산 방법	しはらいほうほう	支払い方法
신용카드	クレジットカード	
일괄	いっかつ	一括
분할	ぶんかつ	分割
현금	げんきん	現金
동전	こぜに	小銭
지폐	おさつ	お札
수표	こぎって	小切手
거스름돈	おつり	
여행자수표	トラベラーズチェック	
영수증	りょうしゅうしょ	領収書
↘ 영수증은 レシート라고도 한다.		

한턱 냄	おごり	
각자 지불	わりかん	割り勘
반품	へんぴん	返品
취소	キャンセル	
교환	こうかん	交換
환불	はらいもどし	払い戻し
정가	ていか	定価
할인	わりびき	割引
포장	ほうそう	包装
봉투	ふくろ	袋
비닐봉투	ビニールぶくろ	ビニール袋

+α '계산' 관련 주요 표현

계산은 어떻게 하세요?	お支払いは？
현금으로 하겠습니다.	現金で払います。
신용카드는 쓸 수 있어요?	クレジットカードは使えますか。
영수증을 주세요.	領収証をください。
교환, 환불 안 됩니다.	交換、払い戻しはできません。
포장해 주세요.	包装してください。
싸 주세요.	包んでください。
따로따로 싸 주세요.	別々に包んでください。

★기수

영	ゼロ・れい	零
일	いち	一
이	に	二
삼	さん	三
사	よん	四
오	ご	五
육	ろく	六
칠	なな・しち	七
팔	はち	八
구	きゅう	九
십	じゅう	十
십일	じゅういち	十一
이십	にじゅう	二十
칠십	ななじゅう	七十
백	ひゃく	百
삼백	さんびゃく	三百
오백	ごひゃく	五百
육백	ろっぴゃく	六百
팔백	はっぴゃく	八白
천	せん	千
삼천	さんぜん	三千
팔천	はっせん	八千
만	いちまん	一万

백만	ひゃくまん	百万
천만	せんまん	千万
억	いちおく	一億

★ 서수

하나	ひとつ
둘	ふたつ
셋	みっつ
넷	よっつ
다섯	いつつ
여섯	むっつ
일곱	ななつ
여덟	やっつ
아홉	ここのつ
열	とお

★ 화폐 단위

엔	えん	円
원	ウォン	
달러	ドル	
일 엔	いちえん	一円
오 엔	ごえん	五円
십 엔	じゅうえん	十円
오십 엔	ごじゅうえん	五十円

백 엔	ひゃくえん	百円
오백 엔	ごひゃくえん	五百円
천 엔	せんえん	千円
이천 엔	にせんえん	二千円
오천 엔	ごせんえん	五千円
만 엔	いちまんえん	一万円

시시콜콜 11 음·식

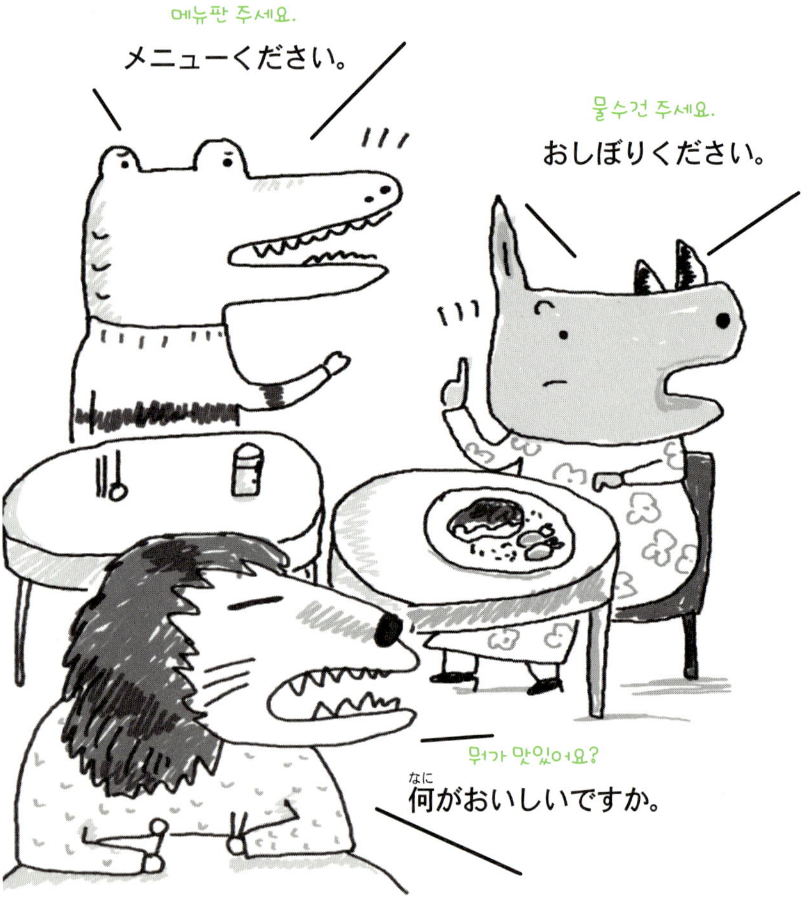
메뉴판 주세요.
メニューください。
물수건 주세요.
おしぼりください。
뭐가 맛있어요?
なに
何がおいしいですか。

주문 부탁합니다.
注文お願いします。

죄송합니다만, 조금만 기다려 주세요.
すみませんが、もう少し待ってください。

밥 한 공기 더 주세요.
ごはんもうひとつください。

접시 좀 주세요.
取り皿をください。

음·식

★ 식사

식사	しょくじ	食事
외식	がいしょく	外食
가정요리	かていりょうり	家庭料理
배달	でまえ	出前

↳ 일본에서 배달이 되는 음식은 스시, 우동, 소바, 라면, 피자, 덮밥류 정도로 한정적이다. 우리나라의 대표적 배달음식인 치킨과 자장면은 찾아보기 힘들다.

정식	ていしょく	定食
아침	ちょうしょく	朝食
점심	ちゅうしょく	昼食
저녁	ゆうしょく	夕食
간식	おやつ	

★ 밥과 반찬

밥	ごはん	ご飯
면	めん	麺
죽	おかゆ	
된장국	みそしる	味噌汁
샐러드	サラダ	
반찬	おかず	
회	さしみ	刺身
생선 구이	やきざかな	焼き魚

★음식점

레스토랑	レストラン	
한국 요리	かんこくりょうり	韓国料理
일본 요리	にほんりょうり	日本料理
중국 요리	ちゅうかりょうり	中華料理
일식	わしょく	和食
양식	ようしょく	洋食
경양식	けいしょく	軽食
야기니쿠 가게	やきにくや	焼肉屋
초밥 가게	すしや	寿司屋
회전초밥	かいてんずし	回転寿司
오코노미야키 가게	おこのみやきや	お好み焼き屋
닭 꼬치구이 가게	やきとりや	焼き鳥屋
라면 가게	ラーメンや	ラーメン屋
우동 가게	うどんや	うどん屋
소바 가게	そばや	そば屋
카레 가게	カレーや	カレー屋
도시락 가게	おべんとうや	お弁当屋
피자 가게	ピザや	ピザ屋
술을 파는 가게	さかや	酒屋
카페	カフェ	
전통찻집	でんとうちゃや	伝統茶屋

★주문

손님	おきゃくさん	お客さん
주문	ちゅうもん	注文
테이블	テーブル	
의자	いす	
요리사	コック	
웨이터	ウェイター	
웨이트리스	ウェイトレス	
종업원	じゅうぎょういん	従業員
메뉴	メニュー	
금연석	きんえんせき	禁煙席
흡연석	きつえんせき	喫煙席
창측	まどぎわ	窓際
물수건	おしぼり	お絞り
접시	とりざら	取り皿
젓가락	はし	箸
숟가락	スプーン	
포크	フォーク	
나이프	ナイフ	
이쑤시개	つまようじ	
물	みず	水
따뜻한 물	おゆ	お湯
생수	ミネラルウォーター	

추가	おかわり	お代わり
↘ "공기밥 하나 더 주세요."에서 '하나 더'에 해당하는 말이 お代わり다.		
후식	デザート	
계산	けいさん	計算

+α '음식점·주문' 관련 주요 표현

메뉴판 주세요.	メニューください。
물수건 주세요.	おしぼりください。
뭐가 맛있어요?	何(なに)がおいしいですか。
주문하시겠습니까?	注文(ちゅうもん)なさいますか。
미안하지만 좀 이따 부를게요.	すみませんがもう少(すこ)し待(ま)ってください。
주문 부탁합니다.	注文(ちゅうもん)お願(ねが)いします。
저분이 먹고 있는 것은 뭐예요?	あの人(ひと)が食(た)べているのは何(なん)ですか。
잘 먹겠습니다.	いただきます。
잘 먹었습니다.	ごちそうさまでした。
이건 어떻게 먹어요?	これはどうやって食(た)べますか。
개인접시 좀 주세요.	取(と)り皿(ざら)をください。
밥 한 공기 더 주세요.	ごはんもうひとつください。
배고파요.	おなかがすきました。
배불러요.	おなかいっぱいです。
얼마예요?	いくらですか。
추천 메뉴는 뭐죠?	お勧(すす)めは何(なん)ですか。

계산해 주세요.	計算してください。
영수증 주세요.	領収書ください。
오늘은 제가 한턱 낼게요.	今日は私がごちそうします。

★음료

음료수	いんりょうすい	飲料水
마실 것	のみもの	飲み物
차	おちゃ	お茶
녹차	りょくちゃ	緑茶
뜨거운 커피	ホットコーヒー	
아이스 커피	アイスコーヒー	
브랜드 커피	ブレンドコーヒー	
아메리카노	アメリカンコーヒー	
에스프레소	エスプレッソ	
카페라떼	カフェラテ	
카푸치노	カプチーノ	
카페모카	カフェモカ	
코코아	ココア	
녹차라떼	まっちゃラテ	抹茶ラテ
홍차	こうちゃ	紅茶
아이스티	アイスティー	
레몬티	レモンティー	
밀크티	ミルクティー	
로열 밀크티	ロイヤルミルクティー	

우유	ぎゅうにゅう	牛乳
오렌지주스	オレンジジュース	
사이다	サイダー	
콜라	コーラ	

★ 커피

설탕	さとう	砂糖
시럽	ガムシロップ	
프림(크림)	コーヒーフレッシュ	

↘ コーヒーフレッシュは ミルクらとも いい、粉末クリームよりは 液状クリームを 主に 利用する。

★ 디저트와 과자

디저트	デザート	
과자	かし	菓子
일본식 과자	わがし	和菓子
만주	まんじゅう	饅頭
경단	だんご	団子
떡	もち	餅
붕어빵	たいやき	たい焼き
양과자	ようがし	洋菓子
케이크	ケーキ	
초콜릿	チョコレート	
아이스크림	アイスクリーム	
푸딩	プリン	

와플	ワッフル	
크레이프	クレープ	
파르페	パフェ	

★술

술	さけ	酒
소주	しょうちゅう	焼酎
추하이	ちゅうハイ	酎ハイ
↘ 소주에 탄산음료를 탄 것을 말한다.		
정종	にほんしゅ	日本酒
↘ 뜨겁게 해서 마시는 정종은 **熱燗**(あつかん)이라고 하며, 차게 해서 마시는 정종은 **冷酒**(れいしゅ)라고 한다.		
맥주	ビール	
병맥주	びんビール	瓶ビール
생맥주	なまビール	生ビール
와인	ワイン	
위스키	ウィスキー	
막걸리	マッコリ	
술집	のみや	飲み屋
호프집	ビアホール	
선술집	いざかや	居酒屋
비어 가든	ビアガーデン	
바	バー	
술자리	おさけのせき	お酒の席

안주	おつまみ	
식전에 마시는 술	しょくぜんしゅ	食前酒
건배	かんぱい	乾杯
원샷	いっき	一気
주량	しゅりょう	酒量
술버릇	じょうご	上戸
술 취하면 웃는 버릇 또는 그런 사람	わらいじょうご	笑い上戸
술 취하면 우는 버릇 또는 그런 사람	なきじょうご	泣き上戸
술에 취한 사람	よっぱらい	酔っ払い
술고래	しゅごう	酒豪
아무리 마셔도 취하지 않는 사람	ザル	
애주가	さけずき	酒好き
과음	のみすぎ	飲みすぎ
숙취	ふつかよい	二日酔い
음주운전	いんしゅうんてん	飲酒運転
홧김에 마시는 술	やけざけ	やけ酒
음료 무제한	のみほうだい	飲み放題
술에 취하지 않았을 때의 상태나 태도	しらふ	素面

+α '술' 관련 기본 동사

술을 마시다	さけをのむ	酒を飲む
술이 약하다	さけによわい	酒に弱い
술이 강하다	さけにつよい	酒に強い

술에 빠지다	さけにおぼれる	酒に溺れる
술을 못 이기다	さけにのまれる	酒に呑まれる
술에 취하다	さけによう	酒に酔う
과음하다	のみすぎる	飲み過ぎる
과음해서 정신을 잃다	よいつぶれる	酔いつぶれる
마시러 가다	のみにいく	飲みに行く
술이 깨다	よいがさめる	酔いが冷める
토하다	はく	吐く
속이 나쁘다	きぶんがわるい	気分が悪い
술을 끊다	さけをやめる	酒をやめる
기억이 없어지다	きおくがなくなる	記憶がなくなる
술주정을 부리다	わるよいをする	悪酔いをする
취기가 돌다	よいがまわる	酔いが回る

+α '술' 관련 주요 표현

한잔 하러 갑시다.	一杯飲みに行きましょう。
술 종류는 뭐가 있어요?	お酒の種類は何がありますか。
우선 생맥주 두 개 주세요.	とりあえず生ビール2つください。
주량은 얼마나 돼요?	酒量はどのくらいですか。
전혀 못 마셔요.	全然飲めません。
실컷 마십시다.	とことん飲みましょう。
천천히 마시세요.	ゆっくり飲んでください。

*일본 라면

라면	ラーメン	
렌게	れんげ	
↳ 라면 먹을 때 나오는 숟가락을 말한다.		
파	ねぎ	
절인 죽순	メンマ	
후추	コショウ	
나루토	ナルト	
↳ 소용돌이 모양의 어묵을 말한다.		
차슈	チャーシュー	
↳ 양념장에 재워 구운 돼지고기를 말한다.		
계란	たまご	卵
간장라면	しょうゆラーメン	醤油ラーメン
소금맛라면	しおラーメン	塩ラーメン
된장라면	みそラーメン	味噌ラーメン
돈코츠라면	とんこつラーメン	
↳ 돼지뼈를 우려 국물을 낸 라면을 말한다.		
삿포로라면	さっぽろラーメン	札幌ラーメン
하카타라면	はかたラーメン	博多ラーメン

+α '일본 라면' 관련 주요 표현

무엇으로 하시겠어요?	何にしますか。
간장라면 하나 주세요.	醤油ラーメンをひとつください。

음 · 식

★소바

소바와 우동은 차가운 것과 따뜻한 것이 있으므로 주문할 때 원하는 사항을 말해야 한다.

메밀국수	そば	
김	のり	
튀김 부스러기	あげだま	揚げ玉

↳ 튀김가루로만 튀긴 것을 말한다.

와사비	わさび	
파	ねぎ	
시치미	しちみどうがらし	七味唐辛子

↳ 여러 가지 향신료가 들어간 고춧가루를 말한다.

모리소바	もりそば	

↳ 판모밀의 하나로, 소바 위에 김을 뿌리지 않은 것을 말한다.

자루소바	ざるそば	

↳ 판모밀의 하나로, 소바 위에 김을 뿌린 것을 말한다. もりそば보다 약간 값이 비싸다.

가케소바	かけそば	

↳ 소바 위에 아무것도 올리지 않는 것을 말한다.

다누키소바	たぬきそば	

↳ 소바 위에 튀김부스러기를 올린 것을 말한다.

튀김소바	てんぷらそば	

↳ 소바 위에 튀김을 올린 것을 말한다.

쓰키미소바	つきみそば	月見そば

↳ 소바 위에 날계란을 올린 것. 달걀 노른자를 月見(보름달)로 봐서 생긴 말이라고 한다.

+α '소바' 관련 주요 표현

다누키소바 하나 주세요.	たぬきそばひとつください。
따뜻한 것과 차가운 것이 있는데 어느 쪽으로 하시겠어요?	温かいのと冷たいのがございますが、どちらになさいますか。
따뜻한 것을 주세요.	温かいのをください。

★토핑

토핑	トッピング	
↘ 토핑은 추가 주문 가능하다.		
무즙	おろし	
산나물	さんさい	山菜
마즙	とろろ	
닭고기	かしわ	

+α '토핑' 관련 주요 표현

토핑은 어떤 것으로 하시겠어요?	トッピングは何になさいますか。
무즙 주세요.	おろしください。

★우동

우동	うどん	
가케우동	かけうどん	
자루우동	ざるうどん	
기쓰네우동	きつねうどん	
가마아게우동	かまあげうどん	釜揚げうどん
나베야키우동	なべやきうどん	鍋焼きうどん

★ 초밥

초밥집	すしや	寿司屋
니기리즈시	にぎりずし	握り寿司

↘ 손으로 쥔 초밥 위에 신선한 어패류 같은 것을 얹은 것을 말한다.

간장	しょうゆ	醤油
고추냉이	わさび	
절인 생강	ガリ	

↘ 甘酢(あまず)(단식초)에 절인 얇게 썬 생강을 말한다.

샤리	シャリ	

↘ 밥에 식초를 넣어 섞은 酢飯(すめし)를 가리키는 말이다.

찻잔	ゆのみ	湯のみ
칸	かん	貫

↘ 니기리즈시를 세는 방법. 니기리즈시 1개를 1칸이라고 한다. 1貫(いっかん), 2貫(にかん), 3貫(さんかん) 등과 같이 말한다.

+α '초밥' 관련 주요 표현

계산해 주세요.	お愛想お願いします。

↘ 계산한다는 말. 일식집에서 주로 사용하고 이자카야 등에서도 사용 가능하다.

+α '초밥'에 얹는 생선

생선	ネタ	

↘ 초밥에 얹는 재료를 일컫는 말이다.

전갱이	アジ	
정어리	イワシ	
청새치	カジキ	
가다랑어	カツオ	
삼치	サワラ	

가자미	カレイ	
잿방어	カンパチ	
연어	サケ	

↘ サケ는 다른 말로 サーモン이라고도 한다.

고등어	サバ	
넙치	ヒラメ	
꽁치	サンマ	
농어	スズキ	
도미	タイ	
새끼 방어	ハマチ	

↘ ハマチ는 다른 말로 ブリ라고도 한다.

붕장어	アナゴ	
참치	マグロ	

↘ マグロ는 다른 말로 トロ라고도 한다.

갯가재	シャコ	
뱀장어	ウナギ	
새우	エビ	
꽃새우	アマエビ	
보리새우	クルマエビ	
게	カニ	
바다참게	ズワイガニ	
타라바가니	タラバガニ	

↘ 홋카이도 이북의 대구 어장에서 잡히는 소라게의 한 종류로 왕게와 비슷하게 생긴 것을 말한다.

성게	ウニ	

오징어	イカ	
문어	タコ	
전복	アワビ	
피조개	あかがい	赤貝
가리비	ホタテがい	ホタテ貝
연어알	イクラ	
네기토로	ネギトロ	
↳ トロ(으깬 참치뱃살)와 ネギ(파)를 잘게 다져서 버무린 것을 말한다.		
계란말이	タマゴ	

+α 여러 가지 초밥

마키즈시	まきずし	巻き寿司
↳ 김밥을 싸듯이 김 위에 식초를 넣은 밥을 얹고 그 위에 오리 같은 具(ぐ)를 넣고 만 초밥. 海苔巻(のりま)き라고도 하며, 두께에 따라 가늘게 만 細巻(ほそまき), 중간 크기로 만 中巻(ちゅうまき), 뚱뚱하게 만 太巻(ふとまき)으로 나눠 부른다.		
갓파마키	かっぱまき	かっぱ巻
↳ キュウリ(오이)를 넣은 김밥으로, 상상의 동물인 河童(かっぱ)가 오이를 좋아한 데서 유래했다고 한다.		
덴카마키	てっかまき	鉄火巻
↳ マグロ(참치)를 넣은 김밥으로, 참치가 불로 빨갛게 달궈진 철과 같이 빨간 색인 것에서 붙여진 이름이라고 한다.		
네기토로마키	ネギトロまき	ネギトロ巻
↳ トロ(으깬 참치 뱃살)과 ネギ(파)를 넣은 김밥을 말한다.		
쓰나마요마키	ツナマヨまき	ツナマヨ巻
↳ ツナ 즉, 참치와 마요네즈를 넣어 만든 김밥을 말한다.		
유부 초밥	いなりずし	いなり寿司
지라시즈시	ちらしずし	ちらし寿司
↳ 생선, 달걀부침이나 양념한 채소 같은 것을 고명으로 얹은 초밥을 말한다.		

사바즈시	さばずし	鯖寿司
데마키즈시	てまきずし	手巻き寿司

↘ 김에 여러 가지 재료를 밥과 함께 삼각형 모양으로 싼 것을 말한다.

시시콜콜 12 자・연

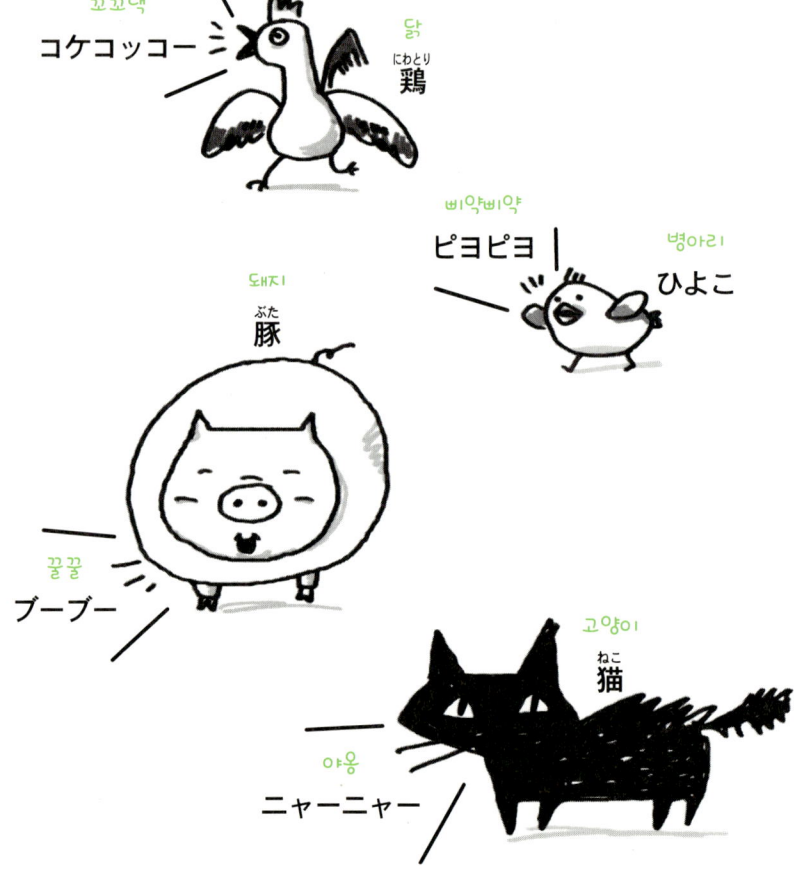

개굴개굴
ケロケロ

개구리
かえる

사자
ライオン

어흥
ガオー

개
犬

멍멍
ワンワン

자・연

★동물 일반

동물	どうぶつ	動物
애완동물	ペット	
포유류	ほにゅうるい	哺乳類
개	いぬ	犬
고양이	ねこ	猫
돼지	ぶた	豚
소	うし	牛
쥐	ねずみ	鼠
양	ひつじ	羊
말	うま	馬
원숭이	さる	猿
토끼	うさぎ	
코끼리	ぞう	象
기린	きりん	
하마	かば	
호랑이	トラ	
얼룩말	しまうま	
여우	きつね	狐
늑대	おおかみ	
낙타	らくだ	
사자	ライオン	

곰	くま	熊
사슴	しか	鹿

+α '동물' 울음 소리

꼬꼬댁 (닭)	コケコッコー
멍멍 (개)	ワンワン
야옹 (고양이)	ニャーニャー
꿀꿀 (돼지)	ブーブー
음매 (소)	モーモー
어흥	ガオー

+α '동물' 관련 기본 동사

애완동물을 기르다	ペットをかう	ペットを飼う
동물을 키우다	どうぶつをそだてる	動物を育てる
먹이를 주다	えさをやる	餌をやる
산책시키다	さんぽさせる	散歩させる
아이를 낳다	こどもをうむ	こどもを産む
알을 낳다	たまごをうむ	卵を産む

+α '동물' 관련 주요 표현

애완동물에게 먹이를 줘요.	ペットに餌をやります。
개를 산책시켜요.	犬を散歩させます。
하루에 두 번 먹이를 주세요.	一日に２回餌をやってください。

★조류

조류	ちょうるい	鳥類
새	とり	鳥
닭	にわとり	鶏
오리	カモ	
비둘기	ハト	
참새	スズメ	
까마귀	カラス	
독수리	ワシ	
까치	キジ	
백조	はくちょう	白鳥
학	つる	鶴
잉꼬	インコ	
타조	ダチョウ	
펭귄	ペンギン	

+α '조류' 울음 소리

짹짹	チュンチュン
삐약삐약	ピヨピヨ

★파충류・양서류

파충류	はちゅうるい	爬虫類
양서류	りょうせいるい	両生類
뱀	ヘビ	
거북이	カメ	

자라	すっぽん	
개구리	カエル	
악어	ワニ	

+α '양서류' 울음 소리 관련 기본 단어

| 개굴개굴 | ケロケロ | |

*벌레

벌레	むし	虫
곤충	こんちゅう	昆虫
나비	チョウ	
매미	セミ	
잠자리	トンボ	
개미	アリ	
벌	ハチ	
거미	クモ	
파리	ハエ	
모기	カ	
바퀴벌레	ゴキブリ	
반딧불	ホタル	
장수풍뎅이	カブトムシ	

*수중생물

| 수중생물 | すいちゅうのせいぶつ | 水中の生物 |
| 물고기 | さかな | 魚 |

고래	くじら	鯨
돌고래	イルカ	
상어	サメ	
열대어	ねったいぎょ	熱帯魚
금붕어	きんぎょ	金魚
잉어	こい	鯉
해파리	くらげ	
불가사리	ヒトデ	
산호초	さんごしょう	珊瑚礁

★생선

연어	さけ	鮭
꽁치	さんま	秋刀魚
고등어	さば	鯖
삼치	さわら	鰆
복어	ふぐ	河豚
가다랑어	かつお	鰹
방어	ぶり	
가자미	かれい	鰈
참치	まぐろ	
대구	たら	鱈
갈치	たちうお	太刀魚
도미	たい	鯛
광어	ひらめ	平目

붕장어	あなご	穴子
정어리	いわし	鰯
뱀장어	うなぎ	鰻
은어	あゆ	鮎
전갱이	あじ	鯵

★해산물

해산물	かいさんぶつ	海産物
게	かに	蟹
새우	えび	海老
문어	たこ	
오징어	いか	

★조개

조개	かい	貝
바지락	あさり	
모시조개	しじみ	
소라	さざえ	
대합	はまぐり	
굴	かき	牡蠣
전복	あわび	
가리비	ホタテがい	ホタテ貝

★식물

식물	しょくぶつ	植物
나무	き	木
가지	えだ	枝
잎	は	葉
꽃	はな	花
꽃잎	はなびら	花びら
꽃봉오리	つぼみ	
열매	み	実
풀	くさ	草
가시	とげ	
줄기	くき	茎
뿌리	ね	根
씨	たね	種
싹	め	芽

+α '식물' 관련 기본 동사

식물을 기르다	しょくぶつをそだてる	植物を育てる
씨를 심다	たねをうえる	種を植える
꽃봉오리가 맺히다	つぼみがなる	
꽃이 피다	はながさく	花が咲く
열매가 열리다	みがなる	実がなる
물을 주다	みずをあげる	水をあげる
비료를 주다	ひりょうをあたえる	肥料を与える

+α '식물' 관련 주요 표현

식물에게 물을 줘요.	植物に水をあげます。
봄에 예쁜 꽃이 펴요.	春にきれいな花が咲きます。

★과일

과일	くだもの	果物
딸기	いちご	苺
사과	りんご	
배	なし	梨
감	かき	柿
포도	ぶどう	
복숭아	もも	桃
귤	みかん	
바나나	バナナ	
파인애플	パイナップル	
수박	すいか	
멜론	メロン	
자두	すもも	
살구	あんず	杏子
체리	チェリー	
산딸기	きいちご	木苺
키위	キウイ	
석류	ザクロ	
비파	びわ	枇杷

참외	マクワウリ	
↘ 일본에서는 참외를 잘 먹지 않는다.		
밤	くり	栗
호두	くるみ	
아몬드	アーモンド	
땅콩	ピーナッツ	

+α '과일' 관련 주요 표현

좋아하는 과일은 뭐예요?	好(す)きな果物(くだもの)は何(なん)ですか？
딸기예요.	苺(いちご)です。

★ 날씨

날씨	てんき	天気
맑음	はれ	晴れ
비	あめ	雨
흐림	くもり	曇り
장마	つゆ	梅雨
장대비	どしゃぶり	土砂降り
소나기	にわかあめ	にわか雨
↘ 소나기는 夕立(ゆうだち)라고도 한다.		
천둥	かみなり	雷
번개	いなずま	稲妻
우박	ひょう	
바람	かぜ	風

산들바람	そよかぜ	そよ風
회오리바람	たつまき	竜巻
태풍	たいふう	台風
비	あめ	雨
안개비	きりさめ	霧雨
부슬비	こさめ	小雨
눈	ゆき	雪
함박눈	ぼたんゆき	牡丹雪
눈보라	ふぶき	吹雪
동장군	ふゆしょうぐん	冬将軍
극한, 혹한	ごっかん	極寒
혹서	もうしょ	猛暑
안개	きり	霧
서리	しも	霜
기상	きしょう	気象
기온	きおん	気温
기압	きあつ	気圧
습기	しっけ	湿気
습도	しつど	湿度
고기압	こうきあつ	高気圧
저기압	ていきあつ	低気圧
기류	きりゅう	気流

섭씨	せっし	摂氏
영하	れいか	零下
자외선	しがいせん	紫外線
적외선	せきがいせん	赤外線
구름	くも	雲
하늘	そら	空
얼음	こおり	氷
고드름	つらら	
무지개	にじ	虹

+α '날씨' 관련 기본 형용사

따뜻하다	あたたかい	暖かい
덥다	あつい	暑い
무덥다	むしあつい	蒸し暑い
춥다	さむい	寒い
시원하다	すずしい	涼しい
쌀쌀하다	はだざむい	肌寒い
바람이 강하다	かぜがつよい	風が強い
바람이 약하다	かぜがよわい	風が弱い

+α '날씨' 관련 기본 동사

맑다	はれる	晴れる
흐리다	くもる	曇る
푹푹 찌다	むしむしする	
바람이 불다	かぜがふく	風が吹く

싸늘하다	ひえびえする	冷え冷えする
비가 내리다	あめがふる	雨が降る
천둥이 치다	かみなりがなる	雷が鳴る

↘ '호통을 치다'라는 말을 雷(かみなり)が落(お)ちる라고 한다.

번개가 치다	いなづまがひかる	稲妻が光る
눈이 내리다	ゆきがふる	雪が降る
눈이 쌓이다	ゆきがつもる	雪が積もる

★ 천재지변

천재	てんさい	天災
지진	じしん	地震
해일	つなみ	津波
호우	おおあめ	大雨
홍수	こうずい	洪水
가뭄	ひでり	日照り
태풍	たいふう	台風
산사태	やまくずれ	山崩れ
눈사태	なだれ	雪崩
경보	けいほう	警報
주의보	ちゅういほ	注意報

+α '천재지변' 관련 주요 표현

태풍으로 학교 쉬게 됐어.	台風で学校、休みになった。
호우·홍수 경보가 발령되었다.	大雨洪水警報が発令された。

★ 계절

계절	きせつ	季節
봄	はる	春
여름	なつ	夏
가을	あき	秋
겨울	ふゆ	冬
춘하추동	しゅんかしゅうとう	春夏秋冬
초순	しょじゅん	初旬
중순	ちゅうじゅん	中旬
하순	げじゅん	下旬
환절기	きせつのかわりめ	季節の変わり目

★ 태양계

태양계	たいようけい	太陽系
지구	ちきゅう	地球
달	つき	月
태양	たいよう	太陽
수성	すいせい	水星
금성	きんせい	金星
화성	かせい	火星
목성	もくせい	木星
토성	どせい	土星
혜성	すいせい	彗星
혹성	わくせい	惑星

★ 천체

천체	てんたい	天体
유성	ながれぼし	流れ星
별자리	せいざ	星座
은하수	あまのがわ	天の川
은하	ぎんが	銀河
북극성	ほっきょくせい	北極星
북두칠성	ほくとしちせい	北斗七星
일식	にっしょく	日蝕
월식	げっしょく	月蝕

지은이 임단비
성신여자대학 일어일문학과를 졸업하고 어학 출판사에서 8년 동안 근무했다. 지금은 톡톡 튀는 아이디어와 유쾌한 상상력으로 독특하고 새로운 일본어 교재를 기획·집필하고 있다. 주요 저서로는 《일본어다운 생활문화 일본어》《러브스토리 일본어》《초간단 초스피드 삼각김밥 일본어 첫걸음》 등이 있다.

지은이 데시마 아이코 手嶋愛子
소노다학원여자대학 국제문화학부 언어커뮤니케이션학과를 졸업하고 고려대학교 한국어문화교육센터에서 한국어를 공부했다. 현재는 고려대학교 일반대학원 국어국문학과에서 한국어문화교육학을 전공하고 있다.

시시콜콜 생활일본어 단어장

저자 임단비, 데시마 아이코
초판 1쇄 인쇄 2011년 5월 20일
초판 1쇄 발행 2011년 5월 30일

발행인 박효상
편집책임 임수진
편집진행 김지혜
디자인책임 손정수
디자인, 일러스트 홍수미

출판등록 제10-1835호
발행처 사람in
주소 121-839 서울시 마포구 서교동 378-16 4F
전화 02) 338-3555
팩스 02) 338-3545
e-mail saramin@netsgo.com
Homepage www.saramin.com

∷ 잘못된 책은 구입한 서점에서 바꿔 드립니다.
∷ 이 책에 실린 모든 내용, 디자인, 이미지, 편집 구성의 저작권은 사람in에 있습니다.
∷ 허락 없이 복제하거나 다른 매체에 옮겨 실을 수 없습니다.

ⓒ 임단비, 2011
ISBN 978_89_6049_251_6 13730

사람이 중심이 되는 세상, 세상과 소통하는 책 사람in

기획편집 1팀_ 강성실, 모희진, 이종만, 권희정 | 기획편집 2팀_ 임수진, 김효주, 김지혜
단행본팀_ 강현옥, 오혜령 | 디자인팀_ 손정수, 윤영선 | 마케팅_ 이종선, 이태호, 이전희
관리_ 남채윤